원하는
나를 만드는
오직
66
일

원하는
나를 만드는

오직
66
일

자브리나 하아제 지음 | 오지원 옮김

위즈덤하우스

이 다이어리북은 _____ (이름)의 것입니다.

이 다이어리북을 주우셨다면 다음 이메일 혹은 전화번호로 연락 주십시오.

email : _____

phone number : _____

작심삼일을 넘어
원하는 나를 만드는 66일까지

나쁜 습관을 없애고 좋은 습관을 만들려고 시도했던 경험은 누구에게나 있습니다. 그리고 그 결심이 '작심삼일'의 벽을 넘지 못하고 무너져버린 경험도 누구에게나 있을 것입니다. 사람의 마음이라는 것이 그렇게 변하기 쉬운 것이고, 바위처럼 굳은 결심도 끝까지 지켜내기란 어렵다는 뜻이겠지요.

그러나 이렇게 쉽지 않음을 알면서도 사람은 끊임없이 '습관을 바꾸겠다'는 결심을 합니다. 서점에 가면 습관을 바꾸게 도와준다며 유혹하는 책들을 쉽게 만나볼 수 있습니다. 3일, 1주일, 2주일, 한 달, 6개월, 1년…… 제안하는 기간도 다양합니다. 더 나은 내가 되고, 더 나은 삶을 살고 싶은 욕구는 그만큼 자연스러운 것이랍니다.

그런데 이 책은 독특하게도 '66일'이라는 기간을 제시하고 있습니다. 왜 하필이면 '66일'일까요?

나를 바꾸는 시간, 66일인 이유

그 이유를 알기 위해서는 습관이 몸에 배는 원리와 그 시간을 알아야 할 필요가 있습니다.

런던대학교의 필리파 랠리(Phillippa Lally) 박사팀이 한 실험을 했습니다.[1] 96명의 참가자들에게 습관으로 만들고 싶은 행동 하나를 선택하라고 요청한 것이죠. 참가자들은 반복하고 싶은 의지는 있지만 실천에 옮기지 못하고 있는 행동을 선택했는데, 대부분 '점심시간에 과일 한 조각을 먹는다' '저녁식사 후에 15분씩 달리기를 한다' 등과 같이 건강과 관련된 내용이었습니다.

주어진 84일 동안 참가자들은 매일 웹사이트에 접속해서 자신이 선택한 행동을 했는지 안 했는지, 그리고 그 행동을 얼마나 자연스럽다고 느꼈는지를 보고했습니다. (뒤에 살펴보겠지만 어떤 행동을 하겠다고 생각하지 않고 자연스럽게 행동하는 것, 즉 '자동성'은 습관의 핵심 요소 중 하나랍니다.)

자, 그렇다면 하나의 습관이 자리 잡기까지 어느 정도의 시간이 걸렸을까요? 그 답이 바로 '66일'이었습니다! 이 참가자들에게 하나의 습관이 형성되기까지 평균 66일이 소요되었다는 연구 결과가 도출된 것입니다. 그리고 일반적인 생각과 달리 하루 이틀 정도 실험을 거르는 것은 습관 형성에 큰 영향을 미치지 않았습니다. 작심삼일이라고, 의지박약이라고 자책하고 포기할 필요가 없다는 뜻이지요!

습관이 몸에 배는 데 걸리는 시간

좀 더 이 실험 결과를 들여다볼까요? 습관이 몸에 배는 데 걸리는 시간은 참가자의 성향과 습관의 종류에 따라 다르게 나타났습니다. 아침식사 후에 물 한 잔을 마시겠다고 결심한 사람들은 대략 20일 후에 자동성이 최대에 이르렀지만, 점심식사 때 과일 한 조각을 먹겠다고 결심한 사람들은 그 행동이 습관으로 이어지기까지 그 2배 이상의 시간이 걸렸습니다. 운동 습관은 그보다 더 까다로워서 '모닝커피를 마신 후에 윗몸일으키기 50번 하기'를 결심한 참가자는 84일이 지난 후에도 그 결심이 습관이 되지 않았습니다. 반면 '아침식사 후에 10분 걷기'를 결심한 참가자는 50일 후에 그 결심을 습관화하는 데 성공했습니다.

이 실험을 진행한 필리파 랠리 박사의 결론은 "새로운 행동에 대한 거부감이 사라지는 데는 평균 21일이, 습관으로 만들어지는 데는 66일이 걸린다"는 것입니다. 원하는 습관을 만드는 데는 오직 66일이면 된다는 거죠.

습관을 바꾸는 것이 어려운 이유

건강을 유지하는 방법은 그다지 복잡하지 않습니다. 약간의 운이 필요하긴 하지만 몸에 좋은 음식을 먹고, 꾸준히 운동하고, 담배와 술을 피하고, 스트레스 수치를 낮게 유지하면 건강하게 오래 살 수 있는 확률이 높아집니다. 하지만 이렇게 간단한데도 지키기는 쉽지 않은 게 사실입니다.

사람들은 대부분 자신을 잘 돌보지 않습니다. 너무 많이 먹고, 너무 적게 운동하고, 음주와 흡연을 너무 많이 하며, 너무 많은 스트레스를 받습니다. 해마다 1월이 되면 전국의 헬스장은 대목을 만납니다. 그러나 2월이 되면 대다수가 썰물처럼 빠져나가고, 이전부터 꾸준히 다니던 사람들만 남습니다. 흡연이 위험하다는 사실을 알면서도 담배를 피웁니다. 담뱃갑에도 이 사실이 적혀 있고, 혐오스러운 사진까지 인쇄되어 있지만 다 무시해버립니다.

해야 할 올바른 일을 '아는' 것만으로는 충분하지 않습니다. 지식만으로는 행동이 바뀌지 않을 뿐 아니라, 변화하겠다는 다짐만으로도 부족합니다. 사람들은 힘들게 번 돈을 헬스장에 내면서 건강을 개선하겠다고 다짐하지만, 결국엔 이런저런 핑계를 찾아가며 발을 끊습니다.

이런 악순환에서 벗어나기 위해서는 먼저 자신이 왜 특정한 방식으로 행동하는지를 이해하고, 특히 우리의 심리적 기제는 기존 행동을 바꾸는 것을 불편해한다는 사실을 알아야 합니다. 뇌는 효율을 추구하는 기관이기 때문에 어떤 행동을 바꾸고자 하면 뇌의 저항에 부딪히게 됩니다. 행동을 바꾸는 데 성공하려면 과거에 하던 행동을 계속하게 하는 기제를 없앤 다음, 새로운 행동을 하도록 동기체계를 '재설정'해야 합니다. 다음으로, 과거의 행동을 되풀이하지 않도록 막고, 새로운 행동이 일상화되도록 전략들을 개발해야 합니다.

미래에 다른 무언가를 얻기 위해 지금 원하는 무언가를 포기하는 것은 누구에게나 어려운 일입니다. 지금 눈앞에 놓인 케이크 한 조각은 내년 여름 자신만만한 수영복 차림이 되는 것보다 더 강력하게 행동을 유도합니다. 학생들은 다음 주 시험에서 좋은 성적을 거두기 위해 공부를 하기보다 게임을 몇 배는 더 하고 싶어 하고, 직장인이라면 앞으로 몇 달간 이어질 프로젝트를 성공적으로 마무리하기 위해 기획안을 쓰는 것보다 친구와 메신저를 주고받는 일이 훨씬 더 즐겁게 느껴집니다. 여러분의 뇌는 금세 만족을 주는 일을 하고 싶어 하도록 설정되어 있습니다.

왜일까요? 우리 뇌는 일단 습득한 행동을 바꾸기 어렵도록 작용하기 때문입니다. 우리의 뇌는 생각하는 데 가능한 한 적은 시간을 쓰도록 설계되어 있습니다. 뇌는 작동하는 데 많은 비용을 요구하는 기관입니다. 뇌의 무게는 약 1.36킬로그램으로, 체중의 2~3퍼센트에 해당합니다. 그런데 그 작은 기관이, 우리 몸이 소모하는 열량의 20~25퍼센트를 사용합니다. 산소와 혈액도 끊임없이 날라다 줘야 하지요.

뇌가 '열심히 생각할' 때에는 어떤 행동을 할 때와 비슷한 양의 에너지를 사용합니다. 그래서 우리 몸은 생각이 필요 없어 에너지가 적게 드는 본능이나 습관에 따라 행동하려 합니다.

습관이란 무엇인가

그렇다면 어떤 습관을 없애고 어떤 습관을 장착해야 할까요? 먼저 하루를 돌아봅시다. 자신이 무엇을 하면서 시간을 보내는지 정확히 알고, 그중 어떤 행동이 습관인지 파악하는 것은 결코 쉬운 일이 아닙니다. 어떤 날은 눈 깜짝할 사이에 시간이 지나가버려 무엇을 했는지조차 기억나지 않을 때가 많습니다.

게다가 습관을 파악하는 일이 어려울 수밖에 없는 결정적인 이유가 있습니다. 바로 앞에서 이야기한 '자동성' 때문입니다. 연구 결과 하나를 더 살펴보겠습니다. 텍사스 A&M 대학교의 웬디 우드 박사는 대학생 70명을 대상으로 한 실험을 진행했습니다.[2] 그는 먼저 학생들에게 알람시계를 나눠주었습니다. 그리고 한 시간마다 한 번씩 자신이 무엇을 하고 있고 어떤 생각을 하고 있는지, 그리고 기분이 어떤지를 기록하게 했습니다.

연구팀은 이 실험을 통해 사람들이 전체의 3분의 1에서 2분의 1 정도의 시간을 '습관'이라고 분류할 수 있는 행동에 할애한다는 것을 알아냈습니다. 이는 우리가 깨어 있는 시간 중 절반 정도의 시간을 이런저런 습관적 행동을 하면서 보낸다는 것을 뜻합니다. 그런데 실험 대상이 젊은이였다는 점을 감안하면, 이 수치도 실제보다 적게 나온 것이라고 할 수 있습니다.

그런데 정확히 어떤 행동을 했느냐보다 더 중요한 것은 습관의 성격입니다. 그 행동을 하면 어떤 느낌이 드는지, 머릿속에서 어떤 일이 일어나는

지 말이지요. 여러 실험을 통해 습관에는 세 가지 주요한 성격이 있다고 밝혀졌습니다.

첫째, 우리가 그것을 행한다는 사실을 거의 인식하지 못한다는 것입니다. 텔레비전을 보거나 양치질할 때 자신이 하는 행동에 대해 생각하는 경우는 별로 없습니다. 그것은 습관의 주요한 혜택 중 하나입니다. 무의식이 지루하고 단조로운 행동을 처리하게 함으로써 우리 머리가 다른 생각을 할 기회를 주는 것이죠. 습관은 우리를 '결정 피로'로부터 보호해주는 셈입니다.

둘째, 무언가 습관이 되면 그에 대한 감정적 반응은 약화됩니다. 사람들은 비습관적 행동을 할 때보다 습관적인 행동을 할 때 감정이 잘 변하지 않는 경향을 보입니다. 그 이유는 행동이 반복되는 과정에서 특정한 감정이 퇴색되기 때문입니다. 습관적인 행동이 강한 감정을 불러일으키지 않는다는 사실은 습관이 가진 이점 중 하나입니다. 아침에 일찍 일어나는 것처럼 우리가 고통스럽다고 인식한 행동들은 반복을 통해 그 고통의 정도가 줄어듭니다. 음주, 흡연 등 초기에 쾌락이나 기쁨을 준 행동들은 오래지 않아 무덤덤해집니다. 물론 우리는 쾌락이 줄어드는 것을 막기 위해 애를 쓰지요. 때로 사람들이 기존에 하던 것보다 많은 양의 행동(예를 들어 더 많은 술, 더 많은 담배)을 하는 것은 처음에 느꼈던 쾌락을 다시 얻기 위해서입니다.

셋째, 상황과 습관은 긴밀하게 연결되어 있습니다. 보통 사람의 일반적인 하루를 한번 살펴볼까요? 아침에 일어나면 화장실에 가서 볼일을 보고 씻습니다. 차에 올라타면 좋아하는 라디오 채널을 틀고 커피 전문점에 들러 블루베리 머핀과 아메리카노 커피 한 잔을 주문합니다. 모든 행동들은 서로 이어져 흐릅니다.

우리는 같은 상황에서 비슷한 행동을 하는 경향이 있습니다. 러시아 생리학자 이반 파블로프의 한 유명한 실험에서 파블로프는 개들에게 먹이를 줄 때마다 종을 쳐서 먹이 주기와 종소리를 서로 연관 지었습니다. 그리고 개한테 먹이를 주지 않을 때도 종을 치자, 개들은 종소리만 듣고도 침을 흘렸습니다.

욕실, 자동차, 커피 전문점은 파블로프의 실험에 등장하는 종과 같은 역할을 합니다. 우리에게 무의식적으로 오랫동안 이어온 행동 패턴을 떠오르게 해서 예전과 똑같은 행동을 반복하게 만들기 때문입니다.

이사를 하거나 직장을 옮기는 등 주변 환경이 급작스럽게 바뀌게 되면 상황이라는 것이 습관에 얼마나 큰 영향을 미치는지가 더 분명하게 드러납니다. 새집으로 이사하면 아주 사소하고 단순한 일도 어색하고 힘들어집니다. 식사를 차리려고 해도 칼이 어디 있는지, 접시가 어디 있는지, 냄비가 어디 있는지 일일이 의식적으로 생각을 해서 찾아야 하죠. 단순한 일뿐만이 아닙니다. 아침에 일어나서부터 저녁에 잠자리에 들 때까지 일상의 모든 일이 마치 생전 처음 해보는 것처럼 낯설게 느껴집니다. 예전에 살던 집에서 하던 행동들을 똑같이 하는 실수를 저지르기도 합니다. 직장을 옮기는 경우도 마찬가지입니다. 예전 직장에서는 모든 일이 물 흐르듯 자연스럽게 느껴졌는데, 새로 옮긴 직장에서는 모든 절차가 어색하게 느껴집니다. 습관을 바꾸려면 환경을 바꾸는 것도 좋은 방법인 이유가 여기에 있습니다.

하루 5분, 66일 플랜을 시작하며

지금까지 나쁜 습관을 없애고 좋은 습관을 장착해 원하는 나를 만드는 66일 플랜을 시작하기 전에 꼭 알아두어야 할 '습관의 정체'에 대해 간단히 살펴보았습니다. 이 책은 습관을 유지하는 힘을 깨뜨리는 것에서 출발하여 새로운 행동이 습관으로 확실히 자리잡을 때까지 친절히 당신을 안내할 것입니다. 이제 시작하는 일만 남았습니다!

차례

── 인트로

습관은 성격이 되고,
성격은 인생을 바꾼다

이 책은 당신의 인생을 바꿀 겁니다. 이 책과 끝까지 함께하는 동안, 당신이 바라는 모든 목표를 이루는 데 필요한 '멘탈 파워'가 자라날 것이거든요. 습관을 바꾸는 것은 쉬운 일이 아닙니다. 여러분 모두 경험으로 아실 거예요. 규칙적으로 운동을 해야겠다거나 술을 덜 마시겠다는 결심을 해본 적이 있나요? 잠자리에 들기 전 하루를 돌아보면서 오래된 습관들이 다시 나타났다는 걸 깨달은 적은요? 그럴 때 당신의 반응은 어땠나요? 핑계를 대기도 했을 거고, 그 때문에 자책감에 시달리기도 했을 거예요. 어떤 경우든 이쯤 되면 당신이 원래 가졌던 결심은 지하 창고에 처박혀버리겠죠. 이 모든 것이 모두 습관이라는 것의 무한한 힘 때문이랍니다.

습관의 힘

습관이란 사소한 중독과도 같습니다. 그래서 단순히 결심하는 것만으로는 변화시키기 어렵습니다. 예를 들어 점심과 저녁 사이 오후에는 꼭 단 것을 간식으로 먹어야 한다거나, 힘든 하루를 보낸 보상으로 저녁에는 와인 한 잔을 꼭 마셔야 한다든가 하는 것들 말이에요.

이런 행동들은 실행에 옮기는 빈도가 잦을수록 뇌에 깊숙이 자리잡아, 특정한 유발 인자가 작용할 때마다 점점 더 의식하지 않은 채 자동적으로 나타나게 됩니다. 그럴 때 분비되는 도파민은 당신이 습관대로 행동할 때마다 기분을 좋게 만들어서, 언젠가는 그 습관을 '생각만 해도' 참을 수 없는 욕구를 느끼게 됩니다. 이것이 바로 새해마다 하는 새로운 결심의 88퍼센트가 며칠 지나지 않아 공중으로 날아가버리는 이유입니다.[3] '원하는 나'를 만들기 위해서는 12월 31일에 하는 결연한 결심만으로는 충분하지 않다는 것이지요.

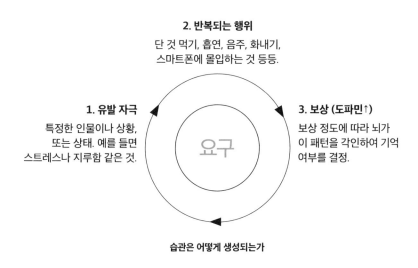

2. 반복되는 행위
단 것 먹기, 흡연, 음주, 화내기,
스마트폰에 몰입하는 것 등등.

1. 유발 자극
특정한 인물이나 상황,
또는 상태. 예를 들면
스트레스나 지루함 같은 것.

요구

3. 보상 (도파민↑)
보상 정도에 따라 뇌가
이 패턴을 각인하여 기억
여부를 결정.

습관은 어떻게 생성되는가

습관이 생성되는 이러한 과정은 그 자체로는 전혀 나쁜 것이 아닙니다. 왜냐하면 이 구조가 자동적으로 작동함으로써 일상적으로 매일 하는 일들에 대해서는 에너지가 절약되기 때문이지요. 매일같이 하는 칫솔질인데, 매번 이 단계를 생각해야만 실행에 옮길 수 있다고 상상해보세요. 혹은 이메일에 답장을 쓰며 자판을 하나하나 누르는 건요? 도대체 얼마나 많은 시간과 에너지를 쏟아부어야 하는 것일까요? 우리가 일상적으로 실행하는 일들 중 주요한 것만 계산에 넣어도 전체 신체 에너지의 20퍼센트를 사용한다고 합니다.[4] 매우 비효율적인 일이죠! 우리 뇌 능력도 한계가 있을 텐데 말이에요.

다행히 우리 뇌는 매우 효율적인 기관입니다. 일상적으로 하는 일의 95퍼센트 정도를 습관이라는 방식으로 자동적·무의식적으로 실행할 수 있도록 저장해두고,[5] 그를 통해 전체 신체 에너지의 단 2퍼센트만을 사용하도록 하고 있으니까요. 그래서 뇌는 늘 반복되는 행동을 '습관'으로 대뇌변연계에 저장하려고 노력합니다.

습관이 저장되는 위치
일상적으로 하는 일들의 95퍼센트를 컨트롤합니다.

우리 뇌는 습관을 저장한다

어떤 일을 자주 할수록 그 일이 습관으로 굳어질 확률은 높아집니다. 문제는 뇌 스스로는 좋은 습관이 무엇이고 나쁜 습관이 무엇인지 구별할 수 없다는 데 있습니다.[6] 그래서 눈 깜짝할 사이에 나쁜 습관이 생겨버릴 수 있는 거랍니다.

그렇지만 오늘부터는 그런 날들은 안녕이에요! 이 책과 함께 그 악순환의 고리를 단번에, 그리고 영원히 끊어버리는 방법을 배울 거니까요. 이 책은 동기심리학에 뿌리를 둔, 검증된 최고의 전략들을 배울 수 있도록 만들었습니다. 매일매일 주어지는 실행 과제들은 당신의 사고와 행동을 단계적으로, 그리고 지속적으로 변화시킬 수 있도록 도울 것입니다. 그 어떤 압박이나 스트레스, 자책감 없이 말이에요! 매년 연초만 되면 줄줄이 작성하던 신년 계획은 이제 던져버리고, 오늘부터 다시 시작하는 겁니다!

이 책이 필요한 사람은?

- 금연, 스마트폰 사용 줄이기, 술 적게 마시기, 스트레스 덜 받기, 건강한 식생활, 체중조절, 운동 생활화하기 등 특정 행동이나 습관을 지속적으로 변화시키고자 하는 사람.
- 계획한 것을 지키려는 결심이 적어도 한 번 이상 무너진 경험이 있는 사람.
- 설정한 목표를 100퍼센트 달성하고자 하는 사람.

- 멘탈을 강화하고 싶거나, 자제력 또는 의지를 단련하고 싶은 사람.
- 헬스트레이너 또는 다이어트 코치로 일하고 있으며, 고객에게 제공한 프로그램이 단기간의 효과를 넘어 지속적인 변화의 시작이 되었으면 하는 사람.

당신을 기다리고 있는 것

이 다이어리북은 66일간 당신과 함께할 것입니다. 프롤로그에서 말한 것처럼, 이것은 이미 굳어진 습관을 영구적으로 변화시키는 데 평균적으로 소요되는 기간입니다.[1] 이 기간 중 21일 동안 당신은 나쁜 습관의 고리를 끊고 새로운 성공의 습관을 들이도록 돕는 최고의 전략들을 배우게 될 것입니다. 이 책은 연달아 이어지는 다음 세 단계의 과정과 함께 각 단계에 적합한 훈련 과제들을 제시합니다.

첫 번째 단계: 확신과 마음 바꾸기
꼭 필요한 단계들이 얼마나 중요하고 의미 있는 것인지, 나에게 어떤 유익을 가져다줄 것이며, 과연 실행 가능할 것인지에 대한 내적 결심과 확신이 이루어지는 단계(1~4일차)

두 번째 단계: 계획과 구조 세우기

물리적인 주변 환경과 주위 사람들의 지지 여부, 그리고 장애 요소를 어떻게 대할 것인지에 대해 생각해보는 단계(5~10일차)

세 번째 단계: 실행과 공표

스트레스나 옛 습관이 돌아오는 경우의 대처법, '오늘의 성공 기록'의 도움을 받아 적절한 심적 여유를 가지는 법, 피로감에서 빠르게 회복하는 법, 신중을 기하는 법, 긍정적인 생각들에 시선을 고정하는 법, 그리고 매일 새롭게 의욕을 높이는 법을 익히는 단계(11~21일차)

습관을 바꾸는 66일의 단계별 흐름

이 세 단계를 거친 후에는 '원하는 나'로 변화하는 데 필요한 멘탈 파워를 지니게 될 것입니다. 그리고 이어지는 다음 단계에서는 옛 습관들로부터 당당히 자립해서 살아가는 법을 배우게 됩니다. 66일차까지 이어지는 '오늘의 성공 기록'과 주간 점검 노트는 당신을 든든히 뒷받침해주는 도구로 함께할 것입니다.

당신이 얻게 되는 것

66일간 우리는 이 책을 통해 당신의 새로운 시작을 함께할 것입니다. 그 이후의 일은 당신에게 달렸습니다. 늦어도 그때쯤이면 당신은 꼭 필요한 조건들, 확신에 힘입은 새로운 행동방식, 완벽한 주변 환경, 그리고 이 모든 것을 유지하려는 믿을 수 없을 정도로 강력한 의지를 지닌 진짜 '나쁜 습관 브레이커'가 되어 '원하는 나'를 만들 수 있을 테니까요.

이 과정에서 부디 의지란 근육과 같은 원리로 기능하며, 그래서 오직 (과부하가 아닌) 적절한 트레이닝을 통해서만 그 힘을 키울 수 있음을 잊지 말기 바랍니다. 우리가 헬스장에서 근육을 단련하듯이 우리의 뇌에도 규칙적으로 적절한 자극을 주어야 하는 이유입니다. 긍정적인 명제들, 목표를 고정하는 닻, 주변의 지지, 장애 요소나 나쁜 습관이 다시 나타날 때를 대비한 '플랜B' 같은 것들이 좋은 자극이 될 것입니다.

가는 길이 곧 목표라는 걸 잊지 마세요. 행동의 변화란 최종 목표의 어느 한 시점에서 기다리고 있는 결과물이 아닙니다. 오히려 매일 생각하고 결정하고 행동하는 과정 자체가 바로 변화라고 볼 수 있습니다. 바로 지금 여기에서 당신이 오늘 더 낫게 만든 하나의 요소가 내일의 당신을 더 강하게 만듭니다. 확신을 가져도 좋습니다.

최대 효과를 위한 최고의 방법론

1. 21일 동안의 멘탈 트레이닝

첫 21일 동안 당신은 매일 코칭 영역의 과제들을 수행하게 됩니다. '나쁜 습관을 깨부수는' 능력을 매일 조금씩 강화함으로써 최종적으로 '원하는 나를 만든다'는 꿈의 목표를 이루기 위해서입니다. 과제에는 최대 10분 정도밖에 걸리지 않으며, 모두 일상생활 속에서 쉽게 할 수 있는 것들로 구성되어 있습니다.

가장 좋은 방법은 아침에 시작하는 것입니다. 그러면 의욕을 하루 동안 지속적으로 가져갈 수 있으니까요. 이 멘탈 트레이닝은 당신과 관계있는 과제들로 이루어진 첫 3단계를 수행하는 과정에서 이루어집니다.

어쩌면 당신은 주어진 과제들이 당신이 처한 상황에 완벽하게 들어맞지 않는다거나 혹은 똑같이 잘 작동하지는 않는다는 것을 발견할 수도 있습니다. 당연히 그럴 수 있습니다. 사람들은 각기 다르고, 처한 조건도, 선호하는 것도, 경험도 다르니까요. 그렇기 때문에 어떤 방법론이 당신의 나쁜 습관을 바꾸고 '원하는 나'를 만드는 데 제일 잘 기능하는지 시도해보는 것이 중요합니다.

이 문항들은 당신이 성공적으로 목표를 달성하기 위해 중요한 것들을 매일 되새기고 의식하게 하는 역할을 합니다.

1. 당신에게 이 목표가 중요한 이유
2. 당신이 목표를 이룰 수 있다는 확신
3. 방해 요인이 있을 때 멘탈 전략과 관련된 트레이닝은 2일차, 4일차, 8일차에 소개되고 있습니다.

하루를 마무리하며 어떤 상황이나 스트레스가 성공적으로 목표를 향해 가는 능력을 향상시키는 데 도움이 되었는지 돌이켜봅니다. 실패할지라도 그것으로부터 배우는 것이 있다면 그 자체가 새로운 기회가 됨을 기억합시다.

오늘의 성공 기록
#11회째

아침

☐ 나는 내가 이 목표를 달성하고 싶은 이유를 잘 알고 있다. (2일차 참고)
☐ 나는 내가 목표를 달성할 수 있다고 확신한다. (4일차 참고)
☐ 나는 목표에 도달하는 과정의 장애물들을 어떻게 다루어야 할지 알고 있다. (8일차 참고)

긍정적인 자기 확신의 말:

나는 내 목표에 더 가까이 가기 위해 오늘 이런 일들을 할 것이다. (최대 세 가지)
1.
2.
3.

저녁

오늘 세운 계획을 잘 실행했나요?
1. ☐예 ☐중간 ☐아니요
2. ☐예 ☐중간 ☐아니요
3. ☐예 ☐중간 ☐아니요

오늘 배운 것은 무엇인가요? 어떤 상황을 통해 더 성장할 수 있었나요?

"용기와 함께 가장 멋진 이야기가 시작된다."
-닐 도널드 월쉬

여기에는 당신이 매일 동기 부여를 위해 되새기는 긍정적인 명제들을 써 넣습니다. 예를 들면 "나는 어떻게든 내 목표를 달성한다." 라든지, "매 걸음마다 나는 점점 더 목표에 가까워진다." 등등.

이 부분에는 매일 영감을 주는 명언이 실려 있습니다.

아침에는 목표 달성을 위해 하루 동안 어떤 활동들을 할 것인지 (최대 세 가지) 적습니다. 계획이 대단한 것인지 사소한 것인지는 중요하지 않습니다. 저녁에는 그 계획들을 어느 정도나 실행에 옮겼는지 스스로 평가하는 시간을 갖습니다.

오늘의 성공 기록 작성법

2. 오늘의 성공 기록

세 번째 단계인 '실행과 공표(제11일차)'부터 마지막 66일째 날까지는 매일 작성할 수 있는 오늘의 성공 기록이 제공됩니다. 성공 기록을 작성하는 데는 대략 5분가량이 소요되며, 아침에 3분, 저녁에 2분 시간을 내서 빈칸을 채워 넣으면 됩니다. 매일매일 작성하는 것은 매우 오래전부터 스스로를 관찰하고 발전시키는 아주 효과적인 방법으로 여겨져왔으며, 테라피나 코칭 분야에서도 행동 변화를 위한 주요한 방법론으로 활용되고 있습니다.[ll] 이 책에서 제공하는 '오늘의 성공 기록'은 계획의 실행 및 습관의 변화를 위해 특별히 개발된 것으로, 매일매일 목표에 집중하고 지속적으로 의욕을 가질 수 있도록 든든한 뒷받침이 되어줄 것입니다.

3. 주간 점검 노트

21일이 지나고 나면 이제 '원하는 나를 만드는' 단계가 시작됩니다. 이제부터는 매일 작성하는 '오늘의 성공 기록'과 더불어 '주간 점검 노트'가 제공됩니다. 주간 점검 노트에는 앞선 21일간 매일 해왔던 과제들과 관련해 그것들을 평가하고 발전시킬 수 있는 21개의 질문들이 던져집니다. 이 질문들을 통해 매주 각 영역에 대해 얼마나 잘해왔는지, 그리고 어느 부분을 더 개선해야 할지 성찰해볼 수 있습니다. 또 매주 수록되는 감사 목록을 통해 당신과 당신의 삶을 풍요롭게 만드는 굉장한 일들이 얼마나 많이 일어났는지 생각해보는 시간을 가질 수 있습니다.

이 책이 효과적인 이유

✔ 습관과 태도를 영구적으로 변화시키기 위해 학문적으로 검증된 방법론을 선택했습니다.

✔ 경험이 풍부한 동기심리학자 및 태도 변화 전문가들에 의해 개발되었습니다.

✔ 금연, 식이요법, 다이어트 등 다양한 분야에서 임상적으로 검증되었습니다. 66일 동안 약 80퍼센트의 참가자들이 중도에 포기하지 않았으며, 그 후에도 목표를 확실히 유지하는 경향을 보였습니다.

✔ 네 개의 순차적인 단계를 통해 66일간 성공적인 목표 달성을 돕는 전문가의 코칭 트레이닝을 경험할 수 있습니다.

✔ 하루에 5분 투자면 충분하며, 일상에서 매일 100퍼센트 활용 가능합니다.

✔ '오늘의 성공 기록'은 매일 집중력을 높여주고 스스로의 결심을 상기시켜줍니다.

나를 바꾸는
1단계

확신과 마음 바꾸기

당신의 목표는 무엇인가요?[9]

1. 당신이 이루고자 하는 것이 무엇인지, 가능한 한 구체적이고 정확하게 묘사해보세요. (무엇을? 언제까지? 어디에서? 누구와 함께?) 예를 들면 "나는 운동을 할 것이다."보다 "나는 일주일에 세 번 퇴근 후에 동네 친구와 달리기를 할 것이다."가 훨씬 낫습니다.

_____

_____

_____

2. 이제 당신의 목표가 현실적인지, 그리고 당신이 가진 자원으로 성취할 수 있는 것인지 점검해봅니다. 무엇보다도 스스로에게 솔직해야 하며, 필요하다면 전문가의 조언도 참고하는 것이 좋습니다. 특히 체중 감량이나 마라톤 도전 등의 목표를 세울 때 무리한 수치를 설정할 경우, 그것에 도달하지 못할 것 같다는 생각이 들면 중도에 포기하게 됩니다. 당신의 목표가 충분히 현실적이지 않다는 판단이 든다면, 적절히 조정하는 유연함이 필요합니다.

3. 그 목표를 언제까지 이루고 싶습니까? 기한을 설정할 때에는 예정된 특별한 이벤트를 고려하는 것도 도움이 됩니다. 또는 계절의 경계나 연말연시, 생일, 결혼식 등을 기한으로 삼는 것도 좋습니다.

_____

_____

_____

4. 설정한 목표의 성공 여부를 판단하거나 얼마나 발전했는지 측정할 수 있는 기준을 정해봅니다. 예를 들면 "허리둘레를 5센티미터 줄이고 싶다."라든가 "제일 좋아하는 청바지를 다시 입고 싶다." 등과 같이 말입니다.

_____

_____

_____

당신의 '왜?'는 무엇인가요?

외부에서 주어지는 자극의 효과는 단기적입니다. 반면 자신의 내면으로부터 비롯된 결심은 안정적이고도 지속적으로 유지됩니다. 인간에게 '의미'란 가장 강력한 동기가 됩니다.[10] 그러므로 왜 그 목표를 달성하고자 하는 것인지를 심사숙고해볼 필요가 있습니다. 그것은 행복, 충족감, 여유, 만족감, 건강, 능력, 다른 사람들의 인정 등 다양할 수 있습니다. 어쨌든 그것이 정말 스스로가 원하는 것인지 아니면 다른 사람들의 영향을 받은 것인지 자신에게 철저히 물어보아야 합니다.

다음 표에 그 동기들을 써 넣어봅시다. 그리고 중요도에 따라 0(전혀 중요하지 않다)부터 4(매우 중요하다)까지 점수를 매겨봅시다. 절취선을 자르면 작은 카드가 만들어집니다. 이 카드에 가장 중요하다고 생각되는 것을 적어서 침대 머리맡이나 냉장고, 탁상달력 등 매일 볼 수 있는 곳에 고정해 둡시다.

내가 목표를 반드시 이루고 싶은 이유	중요도 (0=전혀 없음----4=매우 높음)				
	0	1	2	3	4

이곳을 잘라서 잘 보이는 곳에 붙이세요.

내가 목표를 달성하고 싶은 이유는……

기회비용 따져보기

성공적으로 무엇인가를 변화시키고 싶다면 긍정적인 면, 즉 이득에 대해서도 생각해야 하지만 그 과정에서 감수해야 할 것에 대해서도 인식하고 있어야 합니다. 추후 예상하지 못한 일 때문에 놀라서 결국 목표로 향하는 길을 중단하게 되는 사태를 피할 수 있기 때문입니다. 얻을 수 있는 이득보다 잃는 것이 더 크다면, 최종 목표로 설정한 것이 당신이 진정으로 원하는 것이 맞는지 다시 한 번 점검해볼 필요가 있습니다.

내가 얻는 것 (더 건강해진다, 예뻐진다, 영리해진다……)	내가 잃는 것 (비용, 시간, 준비 과정……)

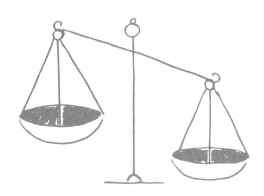

얻는 것과 잃는 것을 비교해보니 어떤가요? 기대 이익이 압도적으로 높은 가요? 완벽합니다! 그렇다면 당신은 이제 제대로 변화할 준비가 된 것입니다.

자, 출발합니다!

4일차

자신감 체크

스스로의 능력으로 목표한 바를 성취할 수 있을지에 대해 얼마나 확신하시나요? 과거에 비슷한 상황에서 얼마나 성공적으로 요구되는 것들을 수행했는지 기억해보세요. 그리고 그것을 다음 그림에 표시해봅시다.

나는 내가 최종 목표에 도달할 수 있다고 100% 확신한다!

10

5

1

스스로에 대한 확신은 0%이다.

7 이상의 위치에 표시했다면, 당신은 목표를 이루기 위한 최고의 조건을 갖추고 있는 셈입니다. 만약 7 미만이라면 먼저 자신감이라는 기초를 잘 닦는 일이 중요해요. 이것은 처음 몇 가지의 작은 성공들을 경험하면서, 그리고 주변의 사회적 관계들을 통해 키울 수 있습니다. 구체적으로 어떻게 해야 하는지는 다음에 이어질 과정에서 알게 될 거예요.

나를 바꾸는
2단계

계획과 구조 세우기

주변 환경을 목표에 적합하게 맞추기

정신력이 강한 사람들도 약한 면을 가지고 있습니다. 그러나 유일한 차이점은 이 약점에 사로잡혀 헤어나오지 못하는 것이 아니라 오히려 그 약점에 적극적으로 대응한다는 것이에요. 이들은 예를 들어 매일 의식처럼 또는 정해진 시간에 특정한 어떤 일을 하기, 불필요한 시도들을 소거해가기, 주변 사람들의 지지를 적극적으로 이용하기 등을 통해 자신의 목표에 시종일관 집중해 그것을 실현시킬 수 있도록 '자신이 처한' 환경을 만들어냅니다. 자, 오늘은 주변 환경을 어떻게 바꾸어 추구하는 목표에 도움이 되게 할 것인지 계획해볼 차례입니다.

	계획한 것을 성공적으로 수행하기 위해 이 단계에서 내가 스스로 만들어야 할 나의 환경 (단 음식 치우기, 이메일은 하루 한 번만 확인하기, 출근할 때 운동 가방 가져가기 등)	언제까지 실행에 옮길 것인가?
1		
2		
3		
4		
5		
6		

새로운 목표에는 새로운 루틴을

당신의 성공은 매일의 루틴에 달려 있다고 해도 과언이 아닙니다. 아침 습관으로부터 시작해 저녁 습관에 이르러 우리의 하루는 마무리됩니다. 당신이 늘 익숙하게 해왔던 것들을 그냥 한다면, 삶에 변화를 가져올 수는 없을 것입니다. 정말로 무언가를 바꾸고 싶다면 먼저 일상의 루틴을 살펴본 뒤 그것을 원하는 변화에 적합하도록 조절해야 합니다.

오늘은 목표를 이루는 데 방해되는 일상의 루틴이 있는지 생각해보도록 합시다. 그것이 왜 매일 반복되는 루틴이 되었는지, 그것을 생각하면 어떤 긍정적인 느낌을 받는지 되돌아보세요. 그리고 당장 오늘부터 그것을 대신할 만한 새롭고 매력적인 루틴을 고안해보세요. 이 새로운 루틴은 원래의 것과 비슷한 정도로 당신의 구미를 당기는 것이어야 하고, 같은 정도의 만족감을 줄 수 있어야 합니다. 그러면서도 당신의 목표 달성에 도움이 되는, 새로운 루틴을 찾아봅시다.

중단하고 싶은 루틴들 (최대 3가지)	그 일을 하고 난 후의 느낌 (예: 보상받는, 여유로운, 기분전환되는 느낌 등)	옛 루틴을 대체할 매력적인 새 루틴

사회적 지지가 주는 힘 이용하기

당신을 아끼는 사람들, 또는 당신과 비슷한 목표를 가지고 있거나 혹은 먼저 성취한 사람들의 지지에서 오는 긍정적인 에너지를 적극적으로 이용하세요. 사람은 혼자보다는 여럿이 함께 있을 때 강해지는 법이니까요. 오늘은 그런 사람들과 함께 당신이 원하는 것에 대해 이야기해보고, 구체적인 지지를 부탁해봅시다. 한 가지 더요. 당신에게 좋은 영감을 주는 사람들과 되도록 자주 만나고 교류하세요. 그들의 긍정적 에너지는 전염된답니다. 한번 경험해보세요!

나에게 힘과 신뢰감을 주는 사람들 (예: 배우자, 부모님, 트레이너 등)	그들이 나를 어떻게 도울 수 있는지 (예: 조언, 동기 부여, 교류, 동행 등)	실제로 이렇게 도와주었는지

WOOP :
행동 변화를 위한 멘탈 전략

오늘 시도해볼 WOOP 전략은 저명한 동기심리학자들이 성공적인 행동 변화를 위해 발전시킨 멘탈 전략입니다.[11] 이 방법은 미래에 관한 긍정적인 비전과 그것을 이루고자 하는 과정에서 장애가 될 만한 것들을 시각화하여 서로 연결함으로써 그 장애를 극복할 수 있는 '플랜B'를 준비하도록 하는 것입니다. 식이 조절, 체중 감량, 행동 촉진, 금연 등 다양한 분야에서 높은 효력이 입증된 전략이기도 합니다.[12]

1. Wish(바람)- 당신이 가장 바라는 것이 무엇인지 한 문장으로 써보세요
   (1일차 참고).

_____

_____

_____

2. Outcome(결과) – 목표를 달성한다면 스스로에게 어떤 좋은 결과를 약속
할 수 있나요? 잠시 눈을 감고 내면의 눈으로 어떤 생각과 감정, 이미지
들이 스쳐가는지 주시해보세요. 그리고 그 결과를 적어보세요.

_____

_____

_____

3. Obstacle(장애물) – 원하는 것을 이루어나가는 데 있어서 당신을 가로
막는 내면의 장애물 중 가장 큰 세 가지는 무엇인가요? 예를 들어 업무
또는 관계에서 받는 스트레스, 게으름, 텔레비전이나 인터넷에 쏟는 시
간 등 당신 내면의 못난이가 제일 커지는 때는 어떤 순간인가요?

_____

_____

_____

4. Plan(계획) - 자, 이제 당신이 꼽은 장애물마다 각각 두 가지씩 현실적인 대응책을 마련해봅시다. 꿈꾸는 바를 이루기 위해 이런 순간들에 어떻게 행동해야 할지를 생각해보는 거예요. 예방책도 좋고, 이미 일어난 일에 어떻게 반응해야 할지도 좋습니다. 이른바 '플랜B'를 구상해보는 겁니다. 이때 계획은 창의력을 발휘해도 좋지만, 항상 현실적인 테두리 안에 머물러야 합니다. 이 계획들은 당신에게 적합한 것일 때에만 제대로 작동할 수 있기 때문입니다. 계획한 대로 잘 되지 않는다면 그 계획은 폐기하고 다른 것으로 대체하면 됩니다. 하지만 최종 목적만은 바꾸지 마세요.

방해 요소 1: _____

_____

방해 요소 2: _____

_____

방해 요소 3: _____

_____

오늘부터 이 전략들을 매일 익히고 적용해봅시다. 머릿속으로, 그리고 현실에서 이 전략들을 자주 사용할수록 당신의 뇌에는 이 전략이 깊이 자리잡아 특정한 상황이 되면 자동적으로 튀어나오게 될 것입니다. 이 것이 바로 목표 달성으로 가는 당신의 새로운 성공 습관이 되는 것이 지요.

일상 속에 목표 고정하기

기분이 좋아지기 위해 목표가 이루어질 때까지 기다려야 할 필요가 있을까요? 그 기분을 미리 느껴보는 건 어떨까요?

일상생활 속에서 자주 보는 것, 매일 들고 다니는 것, 흔하게 듣는 것이 있나요? 있다면 그건 뭔가요? 이것이 일종의 '닻'이 될 수 있습니다. 매일 하고 다니는 멋진 시계 하나를 '목표 달성 시계'로 정해보세요. 당신이 바라는 모습이나 롤모델이 될 만한 사람의 사진을 걸어놓으세요. 마우스패드나 냉장고, 컴퓨터 모니터에 의욕을 고취시킬 수 있는 글귀를 붙여놓아 보세요. 제일 좋아하는 노래를 들어보세요.

닻을 정했다면, 그것을 목표가 이루어졌을 때 느낄 것 같은 최고의 기분과 연결시키세요. 그것을 손에 들고, 혹은 바라보거나 들으면서 목표가 달성되었을 때의 긍정적인 감정들을 생각해보세요. 오늘부터 이것을 매일, 되도록 자주 반복합니다. 그 닻을 보거나 듣거나 생각했을 때 자동적으로 그런 감정들이 연상될 수 있도록 말이에요.

_____

_____

_____

_____

_____

발전하는 자신을 기록하고 보상 주기

진전이 있을 때 그것을 어떻게 기록으로 남길 수 있을까요?

매일매일 성장하는 사람은 자신이 이전까지 얼마나 성장해왔는지 빠르게 잊어버리곤 합니다. 지금까지 거둔 진전을 보기 쉽게 만드는 것이 중요한 이유입니다. 사전에 정해두었던 기준(담배 개비 수, 술 마신 양, 간식 먹은 양, 만보기 수치, 허리둘레 등)을 주 단위로 또는 매일 기록하면 쉽게 시각화할 수 있습니다. 가장 손쉬운 방법은 실행에 성공한 날마다(하루에 만 보 걷기, 30분 동안 스트레칭하기, 간식 먹지 않기 등) 해당 칸에 체크를 하는 것입니다. 준비물은 다음 페이지에 있는 66일 달력입니다. 당신이 세운 계획의 진전 여부를 어떤 기준으로 시각화할 것인지 생각해보세요.

이제 이정표를 세우고, 성공했을 때 어떻게 자축하고 싶은지 정할 시간입니다. 규칙적으로 목표를 달성하는 사람은 자신의 행동에 더욱 확신이 생기고, 삶에서 새로운 습관들을 유지하리라는 의욕이 샘솟습니다. 빠르게 성공하는 경험을 하기 위해서는 일정한 간격으로 표석을 세우고, 스스로 정한 원칙과 지속성의 기준에 맞게 중간 목표를 달성하면 보상을 하는 방법이 효과적입니다. 예를 들면 마사지, 스파, 외식, 새 운동화 사기 등이 될 수 있습니다. 지금 적절한 상이 기다리는 작은 목표들을 정해보고, 점검 시점을 정해 다이어리나 플래너에 적어보세요.

_____

_____

_____

_____

66Day Challenge

내가 이루고자 하는 목표는 _____

1	2	3	4	5	6
7	8	9	10	11	12
13	14	15	16	17	18
19	20	21	22	23	24
25	26	27	28	29	30
31	32	33	34	35	36

1단계: 마음 먹기
2단계: 계획 세우기
3단계: 실행하기
4단계: 매일 성공하기

37	38	39	40	41	42
43	44	45	46	47	48
49	50	51	52	53	54
55	56	57	58	59	60
61	62	63	64	65	66

Finish

○ 오늘의 결과를 체크해주세요.
○ 여러분만의 기준으로 표시하면 된답니다.

나를 바꾸는
3단계

실행과 공표

≡ 11일차 ≡

첫 번째 액션 데이 – 일단 시작해요!

이제 능동적인 자세가 필요한 시점입니다.

목표를 위해 투자하는 시간은 하루에 30분, 그러니까 24시간 중 2퍼센트면 충분합니다. 어떤 활동이든 중요한 것은 매일 조금씩 목표에 가까워지는 것입니다.

오늘부터 이 '성공 기록'이 모든 변화의 과정을 함께하며, 무엇이 진짜 중요한지를 매일 성찰할 수 있도록 든든한 뒷받침이 되어줄 것입니다. 이는 또한 성공적으로 목표를 달성할 수 있는 당신의 능력을 향상시켜줄 것입니다.

더 많은 정보는 28쪽의 '오늘의 성공 기록 작성법'을 참고하세요.

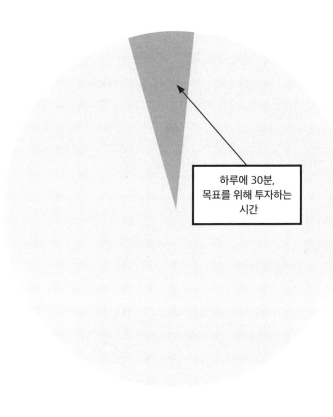

하루 시간의 단 2퍼센트!

하루에 30분,
목표를 위해 투자하는
시간

오늘의 성공 기록
#11일차

아침

☐ 나는 내가 이 목표를 달성하고 싶은 이유를 잘 알고 있다. (2일차 참고)

☐ 나는 내가 목표를 달성할 수 있다고 확신한다. (4일차 참고)

☐ 나는 목표에 도달하는 과정의 장애물들을 어떻게 다루어야 할지 알고 있다. (8일차 참고)

긍정적인 자기 확신의 말:

_____

_____

_____

나는 내 목표에 더 가까이 가기 위해 오늘 이런 일들을 할 것이다. (최대 세 가지)

1. _____

2. _____

3. _____

저녁

오늘 세운 계획을 잘 실행했나요?

1. ☐예　　　　　　☐중간　　　　　　☐아니오
2. ☐예　　　　　　☐중간　　　　　　☐아니오
3. ☐예　　　　　　☐중간　　　　　　☐아니오

오늘 배운 것은 무엇인가요? 어떤 상황을 통해 더 성장할 수 있었나요?

_____

_____

_____

"용기와 함께 가장 멋진 이야기가 시작된다."

-닐 도널드 월쉬

감사한 마음 기록하기

행복한 사람은 성공적인 삶을 살 확률이 높습니다. 그 반대가 아니에요. 어떤 사람이 되고 싶은지 다른 사람을 곁눈질하지 말고, 대신 당신 자신이 이미 이룬 것들을 늘 생각하세요. 매일매일 감사하는 습관을 갖는 것은 지금 중요한 것이 무엇인지를 알아보는 눈을 키워주며 행복감을 선사한다는 사실이 연구에 의해 증명되었답니다.[13] 이는 성공적으로 목표를 달성하려고 하는 당신의 의욕을 더욱 높여줍니다.

스스로에게 질문해보세요. 오늘 당신과 당신의 삶을 한층 더 풍성하게 해준 것은 무엇인가요? 무엇에 대해 감사한 마음이 드나요? 그 대상은 특정한 능력일 수도 있고, 어떤 경험이나 사람일 수도 있습니다. 그것이 무엇이든 적어보고, 그 이유를 생각해보세요.

……에 대해 나는 감사함을 느낀다.	그 이유는……

오늘의 성공 기록
#12일차

아침

☐ 나는 내가 이 목표를 달성하고 싶은 이유를 잘 알고 있다. (2일차 참고)

☐ 나는 내가 목표를 달성할 수 있다고 확신한다. (4일차 참고)

☐ 나는 목표에 도달하는 과정의 장애물들을 어떻게 다루어야 할지 알고 있다. (8일차 참고)

긍정적인 자기 확신의 말:

_____

_____

_____

나는 내 목표에 더 가까이 가기 위해 오늘 이런 일들을 할 것이다. (최대 세 가지)

1. _____

2. _____

3. _____

저녁 ☾

오늘 세운 계획을 잘 실행했나요?

1. ☐ 예   ☐ 중간   ☐ 아니오
2. ☐ 예   ☐ 중간   ☐ 아니오
3. ☐ 예   ☐ 중간   ☐ 아니오

오늘 배운 것은 무엇인가요? 어떤 상황을 통해 더 성장할 수 있었나요?

_____

_____

_____

**"행복한 사람들이 감사를 느끼는 것이 아니다.
감사할 줄 아는 사람이 행복한 것이다."**
- 프랜시스 베이컨

롤모델로부터 배우기

사회성을 기반으로 한 학습법 중 가장 대표적인 것이 바로 '롤모델'로부터 배우는 것입니다.[14] 다른 사람이 대신 겪은 일로부터 학습 효과를 거두는 것이지요. 지켜봄으로써, 또는 사적인 교류를 통해 우리는 다른 사람이 비슷한 도전과제에 맞닥뜨렸을 때 어떻게 성공적으로 해냈는지 알게 됩니다. 여기서 중요한 것은 그 모델이 당신과 비슷한 점이 많으면 많을수록 당신에게 미치는 영향력이 커진다는 점입니다.

오늘은 누구를 당신의 롤모델로 삼으면 좋을지 생각해보는 시간을 가져봅시다. 어쩌면 가까운 친척 중에 적당한 사람이 있을지도 모릅니다. 아니면 친구나 미디어에 자주 등장하는 스타도 좋아요. 당신에게 영감을 주는 인물이 있나요? 그건 그 사람의 어떤 면 때문인가요? 그 사람이 당신과 비슷한 목표를 성공적으로 달성할 수 있었던 건 어떤 마음가짐과 어떤 강점 덕분이었을까요? 확신이 없는 것 같은 순간마다 "나의 롤모델인 ○○라면 이럴 때 어떻게 행동할까?"라고 자문해보세요.

나의 롤모델	성공적인 목표 달성을 위해 나의 롤모델이 가졌던 태도와 강점

오늘의 성공 기록
#13일차

아침

☐ 나는 내가 이 목표를 달성하고 싶은 이유를 잘 알고 있다. (2일차 참고)

☐ 나는 내가 목표를 달성할 수 있다고 확신한다. (4일차 참고)

☐ 나는 목표에 도달하는 과정의 장애물들을 어떻게 다루어야 할지 알고 있다. (8일차 참고)

긍정적인 자기 확신의 말:

_____

_____

_____

나는 내 목표에 더 가까이 가기 위해 오늘 이런 일들을 할 것이다. (최대 세 가지)

1. _____

2. _____

3. _____

저녁

오늘 세운 계획을 잘 실행했나요?

1. ☐예 ☐중간 ☐아니오
2. ☐예 ☐중간 ☐아니오
3. ☐예 ☐중간 ☐아니오

오늘 배운 것은 무엇인가요? 어떤 상황을 통해 더 성장할 수 있었나요?

_____

_____

_____

"타의 모범이 된다는 것은 타인에게
영향을 끼칠 수 있는 여러 가능성 중 하나가 된다는 것이 아니다.
유일한 가능성이 된다는 것이다."

- 알베르트 슈바이처

스스로와 다른 사람들에 대해
책임감 가지기

누구나 자아를 실현하기 위해서는 스스로에 대해 100퍼센트 책임을 져야 합니다. 이는 자신이 내리는 모든 결정과 말과 행동에 대해 완전한 책임을 져야 한다는 뜻입니다. 더불어 다른 사람에 대해 책임을 지는 태도도 필요합니다. 왜냐하면 당신 자신이 누군가의 롤모델이 된다는 것, 그리고 타인에 의한 다양한 방해 요인에도 불구하고 지속적으로 목표를 향해 나아가는 길을 정돈하며 전진하는 것은 멘탈을 강화하는 데 아주 긍정적인 영향을 미치기 때문입니다.

이것은 삶의 여러 영역에서 모두 유효한 이야기입니다. 부모가 되었을 때, 어떤 그룹의 리더가 되었을 때, 누군가를 트레이닝시킬 때, 한 프로젝트를 이끄는 위치를 맡았을 때에도 적용 가능합니다.

오늘은 삶의 어떤 영역에서 다른 사람들을 위해 책임감을 더 가질 수 있을지 생각해봅시다.

나는 더 많은 책임을 지기로 한다. _____ 을(를) 위해	어떻게?

오늘의 성공 기록
#14일차

아침

☐ 나는 내가 이 목표를 달성하고 싶은 이유를 잘 알고 있다. (2일차 참고)

☐ 나는 내가 목표를 달성할 수 있다고 확신한다. (4일차 참고)

☐ 나는 목표에 도달하는 과정의 장애물들을 어떻게 다루어야 할지 알고 있다. (8일차 참고)

긍정적인 자기 확신의 말:

_____

_____

_____

나는 내 목표에 더 가까이 가기 위해 오늘 이런 일들을 할 것이다. (최대 세 가지)

1. _____

2. _____

3. _____

저녁

오늘 세운 계획을 잘 실행했나요?

1. ☐ 예   ☐ 중간   ☐ 아니오
2. ☐ 예   ☐ 중간   ☐ 아니오
3. ☐ 예   ☐ 중간   ☐ 아니오

오늘 배운 것은 무엇인가요? 어떤 상황을 통해 더 성장할 수 있었나요?

_____

_____

_____

**"자유에는 책임이 따른다.
이것이 사람들 대부분이 자유를 두려워하는 이유다."**

- 조지 버나드 쇼

매일 스트레스 해소하는 시간 가지기

스트레스를 받는 상황에서는 스스로 회복하는 능력이 차단됩니다. 의지력은 근육과 같아서 높은 부담이 지워지면 완전히 과부하 상태가 되어버립니다. 그렇게 되면 당신이 설정한 목표를 위해 명료한 의식으로 무언가를 결정하는 일도 더 이상 불가능해지지요. 스트레스를 받는 일이 잦을수록 마음은 점점 더 약해지고, 옛 습관으로 되돌아갈 가능성도 더 커집니다. 스트레스를 해소하는 능력이 뛰어난 사람들이 더 높은 의지력을 보여주며 세운 계획을 관철하는 데 성공하는 것도 바로 그 때문입니다. 오늘은 당신의 스트레스 해소 능력이 얼마나 되는지 한번 점검해보겠습니다.

지난 4주간을 되돌아보았을 때 스스로 얼마나 여유롭게 보냈나요? 또는 얼마나 스트레스를 받았나요?

다음 그림에서 7점 이상에 표시했다면, 당신은 훌륭한 의지력으로 목표를 향해 순항할 가능성이 큽니다. 점수가 그보다 아래라면 스트레스를 완화하는 연습이 필요합니다. 여유로운 마음을 갖는 것은 정신적·신체적 긴장을 이완하는 여러 가지 테크닉을 익힘으로써 가능합니다. 예를 들어 점진적 근육이완요법(Progressive Muscle Relaxation, PMR), 자율훈련법(Autogenic Training, AT), 명상 등이 스트레스의 해소를 돕습니다.

나는 여유롭고 평온하다고 느낀다.

나는 스트레스가 심하고 불안정하다고 느낀다.

오늘의 성공 기록
#15일차

아침 ☀

☐ 나는 내가 이 목표를 달성하고 싶은 이유를 잘 알고 있다. (2일차 참고)

☐ 나는 내가 목표를 달성할 수 있다고 확신한다. (4일차 참고)

☐ 나는 목표에 도달하는 과정의 장애물들을 어떻게 다루어야 할지 알고 있다. (8일차 참고)

긍정적인 자기 확신의 말:

_____

_____

_____

나는 내 목표에 더 가까이 가기 위해 오늘 이런 일들을 할 것이다. (최대 세 가지)

1. _____

2. _____

3. _____

저녁

오늘 세운 계획을 잘 실행했나요?

1. ☐ 예   ☐ 중간   ☐ 아니오
2. ☐ 예   ☐ 중간   ☐ 아니오
3. ☐ 예   ☐ 중간   ☐ 아니오

오늘 배운 것은 무엇인가요? 어떤 상황을 통해 더 성장할 수 있었나요?

_____

_____

_____

"파도를 변화시킬 수는 없지만, 파도를 타는 법은 배울 수 있다."

-존 카밧 진

지금, 여기에서 나에게
일어나는 일에 주목하기

'지금, 여기'라는 시공간은 당신이 미래를 위한 씨앗을 뿌리는 유일한 순간입니다. 당신은 당신이 생각하는 대로의 사람이며, 뿌린 씨앗에 따라 열매를 거두게 됩니다. 명상과 다른 훈련들을 통해 주의를 기울이는 법을 배우면 방해가 되는 생각들을 정리하고, 스트레스에 크게 영향받지 않으며, 따라서 목표를 향해 더욱 집중해서 나아갈 수 있게 됩니다.

다음 페이지의 그림에서 7 이상의 점수에 현재 상태를 표시했다면, 목표로 향하는 길에는 어떤 방해물도 놓여 있지 않다고 봐도 됩니다. 당신은 당신 스스로와 당신의 시간에 충분히 주의를 기울이고 있으며, 지속적으로 성장하는 데 도움이 되는 것들에 우선순위를 두고 있군요. 하지만 점수가 7점 미만이라면 다음의 '주의 기울이기' 연습과 명상을 통해 좀 더 분명한 의식하에 당신 자신과 당신이 살아가고 있는 시간을 바라보게 될 것입니다.

진짜 중요한 것에 집중하기 위한 주의 기울이기 연습

당신은 당신 스스로와 흘러가는 시간에 얼마나 주의를 기울이며 살고 있나요? 오늘부터 일주일 동안 스스로를 관찰해보세요. 꿈의 목표를 이루는 데 도움 되는 일에 사용하는 시간이 실제로 얼마나 되는지 정확히 헤아려

봅니다. 그리고 당신을 성장시키는 것들에 대해서는 긍정을, 반대로 그 길에 훼방이 되는 모든 생각과 감정, 결정, 행동, 사람들에 대해서는 거절을 표하세요.

나는 순간순간에 주의를 기울이며 살고 있으며, 나를 성장시키는 것에 분명한 우선순위를 두고 있다.

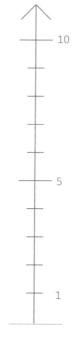

10

5

1

나는 순간에 주의를 기울이지 않는 편이며, 나를 방해하기만 하는 불필요한 것들에 시간을 빼앗기고 있다.

오늘의 성공 기록
#16일차

아침 ☼

☐ 나는 내가 이 목표를 달성하고 싶은 이유를 잘 알고 있다. (2일차 참고)

☐ 나는 내가 목표를 달성할 수 있다고 확신한다. (4일차 참고)

☐ 나는 목표에 도달하는 과정의 장애물들을 어떻게 다루어야 할지 알고 있다. (8일차 참고)

긍정적인 자기 확신의 말:

_____

_____

_____

나는 내 목표에 더 가까이 가기 위해 오늘 이런 일들을 할 것이다. (최대 세 가지)

1. _____

2. _____

3. _____

저녁

오늘 세운 계획을 잘 실행했나요?

1. ☐ 예   ☐ 중간   ☐ 아니오
2. ☐ 예   ☐ 중간   ☐ 아니오
3. ☐ 예   ☐ 중간   ☐ 아니오

오늘 배운 것은 무엇인가요? 어떤 상황을 통해 더 성장할 수 있었나요?

_____

_____

_____

"우리에게 주어진 시간이 적은 것이 아니라,
사용하지 않는 시간이 너무 많은 것이다."

- 루키우스 안나이우스 세네카

프로처럼 회복하기

지친 세포가 제대로 회복하는지 그렇지 않은지는 자기관리가 잘 되는 생활을 하는 데 엄청난 영향을 끼칩니다. 에너지가 100퍼센트 꽉 차 있는 상태에서만 의지력이 충만할 수 있기 때문입니다. 하루라도 밤잠을 못 이뤄 본 적이 있다면, 그 다음 날 스트레스에 얼마나 취약해지는지, 결정을 내리는 데도 얼마나 실수가 잦아지는지 잘 알고 있을 것입니다. 제대로 된 영양 공급, 운동을 통한 규칙적인 신진대사와 충분한 휴식 등도 자기관리에 큰 역할을 하는 요소입니다.

다음 표에서 스스로 3점 이상의 점수를 주었다면 당신은 성공적인 자기관리와 자기제어 능력을 위한 최적의 에너지 충전 요건을 갖추고 있는 것입니다. 반면 점수가 3점 미만이라면, 각 항목에 해당하는 것을 어떻게 최적화할 수 있을지를 점검해보아야 합니다.

나의 회복력에 점수를 매겨보자.	0=실패 6=최고						
	0	1	2	3	4	5	6
수면 (아침에 일어나면 가뿐하고, 잠을 깨기 위해 꼭 커피를 마실 필요는 없다.)							
운동 (하루에 최소 30분은 숨이 가쁘고 맥박이 빨라질 정도로 활동적으로 몸을 움직인다.)							
영양이 풍부한 식사 (균형 잡혀 있으며, 무엇보다 가공되지 않은 자연식 위주의 식단으로 채소를 많이 먹는다.)							
휴식 (규칙적으로 휴식하며, 휴식시간에는 새로운 에너지를 길어 올릴 수 있도록 회복을 돕는 활동을 한다.)							

오늘의 성공 기록
#17일차

아침

□ 나는 내가 이 목표를 달성하고 싶은 이유를 잘 알고 있다. (2일차 참고)

□ 나는 내가 목표를 달성할 수 있다고 확신한다. (4일차 참고)

□ 나는 목표에 도달하는 과정의 장애물들을 어떻게 다루어야 할지 알고 있다. (8일차 참고)

긍정적인 자기 확신의 말:

_____

_____

_____

나는 내 목표에 더 가까이 가기 위해 오늘 이런 일들을 할 것이다. (최대 세 가지)

1. _____

2. _____

3. _____

저녁

오늘 세운 계획을 잘 실행했나요?

1. ☐ 예   ☐ 중간   ☐ 아니오

2. ☐ 예   ☐ 중간   ☐ 아니오

3. ☐ 예   ☐ 중간   ☐ 아니오

오늘 배운 것은 무엇인가요? 어떤 상황을 통해 더 성장할 수 있었나요?

_____

_____

_____

**"건강을 위해 매일 아무것도 하지 않는 사람은
언젠가 반드시 병 때문에 많은 시간을 희생하게 될 것이다."**

- 세바스찬 크나이프

긍정적인 신념 명제들

신념 명제란 내면 깊숙이 자리잡아 특정한 상황에서 자동적으로 작동되는 생각을 가리킵니다. 무의식적으로 스스로에게 되뇌는, 의욕을 높이거나 억압하는 목소리라고 생각하면 됩니다. 당신의 신념 명제를 알고 있나요? 오늘은 당신이 스스로에게 주입하는 부정적인 말들을 관찰해보는 시간을 가져보세요. 그 문장들을 다음 표에 써 넣고, 오늘부터 어떤 긍정적인 신념 명제로 각각의 부정적인 말들을 대체할 수 있을지 생각해 빈칸을 채워 봅시다.

다음 표에 적은 문장 중 특별히 그 힘이 더 강력하고 심하게 부정적인 감정과 얽혀 있는 신념 명제가 있는지 살펴보세요. 그 문장에 표시하고, 당신이 어떤 상황에서 그 문장을 스스로에게 말하고 있는지 관찰해보세요. 그리고 이제부터는 의식적으로 그 문장을 말하는 것을 중단하고, 그 문장이 튀어나오려고 할 때마다 새로운 긍정적 신념 명제로 대체해보세요.

90

나의 부정적인 신념 명제	이 신념 명제가 튀어나오는 상황	부정적인 신념 명제를 대체할 수 있는 긍정적인 신념 명제

오늘의 성공 기록
#18일차

아침 ☀

☐ 나는 내가 이 목표를 달성하고 싶은 이유를 잘 알고 있다. (2일차 참고)

☐ 나는 내가 목표를 달성할 수 있다고 확신한다. (4일차 참고)

☐ 나는 목표에 도달하는 과정의 장애물들을 어떻게 다루어야 할지 알고 있다. (8일차 참고)

긍정적인 자기 확신의 말:

_____

_____

_____

나는 내 목표에 더 가까이 가기 위해 오늘 이런 일들을 할 것이다. (최대 세 가지)

1. _____

2. _____

3. _____

저녁 🌙

오늘 세운 계획을 잘 실행했나요?

1. ☐ 예   ☐ 중간   ☐ 아니오

2. ☐ 예   ☐ 중간   ☐ 아니오

3. ☐ 예   ☐ 중간   ☐ 아니오

오늘 배운 것은 무엇인가요? 어떤 상황을 통해 더 성장할 수 있었나요?

_____

_____

_____

"당신이 할 수 있다고 믿든 그렇지 않든, 당신은 어쨌거나 옳을 것이다."

\- 헨리 포드

긍정적인 신념 명제가
내면 깊숙이 뿌리내리게 하기

동기부여가 되는 긍정적인 신념 명제와 사고방식을 확고하게 내면화하는 데에는 명상 외에도 자율 훈련법이 매우 효과적입니다. 특히 기록 위주의 운동선수들이 이 자율 훈련법의 효과를 톡톡히 보고 있습니다. 다양한 연습을 통해 당신은 '버튼 한 번 누름'으로써 마음의 여유를 되찾을 수 있는 방법을 배우게 될 것입니다. 그렇게 신체적·정신적으로 이완된 상태에서 앞에서 설정한 형식을 적용하는 연습을 반복적으로 해보세요. 이것이 무의식 속 깊숙이 각인되어, 비슷한 상황에서 긍정적인 신념 명제를 자동적으로 불러올 때까지 말입니다.

이것이 어떻게 가능할까요? 생각의 힘을 더욱 강하게 경험해보고 싶으신가요? 여기 소소한 맛보기 실험이 있습니다. 바로 '마법의 실'입니다.

1. 털실을 50센티미터 정도로 자릅니다.

2. 반지나 펜 등 이 실의 한쪽 끝을 묶을 만한 것을 찾습니다.

3. A4 크기의 종이 한 장을 꺼내 크게 원을 그리고 동, 서, 남, 북을 적은 후
   가운데에 십자를 그립니다.

4. 실을 묶은 사물을 십자 그림 가운데에 수직으로 세워 잡고 있다가, 이것
   이 어느 쪽으로 쓰러지게 될지 말하면서 실을 놓습니다. (속으로 말해도
   좋습니다.) 매우 집중해서 하도록 합니다.

이제 무슨 일이 일어나는지 한번 보세요!

오늘의 성공 기록
#19일차

아침

☐ 나는 내가 이 목표를 달성하고 싶은 이유를 잘 알고 있다. (2일차 참고)

☐ 나는 내가 목표를 달성할 수 있다고 확신한다. (4일차 참고)

☐ 나는 목표에 도달하는 과정의 장애물들을 어떻게 다루어야 할지 알고 있다. (8일차 참고)

긍정적인 자기 확신의 말:

_____

_____

_____

나는 내 목표에 더 가까이 가기 위해 오늘 이런 일들을 할 것이다. (최대 세 가지)

1. _____

2. _____

3. _____

저녁

오늘 세운 계획을 잘 실행했나요?

1. ☐ 예 　　　　　　 ☐ 중간 　　　　　　 ☐ 아니오
2. ☐ 예 　　　　　　 ☐ 중간 　　　　　　 ☐ 아니오
3. ☐ 예 　　　　　　 ☐ 중간 　　　　　　 ☐ 아니오

오늘 배운 것은 무엇인가요? 어떤 상황을 통해 더 성장할 수 있었나요?

_____

_____

_____

**"자기 자신이 변화할 때까지는 아무 일도 일어나지 않는다.
그리고 갑자기 모든 것이 달라진다."**

\- 닐 도날드 월쉬

자책하지 않고 후퇴 받아들이기

모든 변화의 과정에는 후퇴도 포함되어 있습니다. 심지어 이것은 습관을 변화시키는 데 꼭 필요한 개인적인 성장과 멘탈 강화에 있어서 필수적 요소입니다. 그렇지만 우리는 그럴 때마다 스스로를 심하게 비난하곤 합니다. 만약 당신이 달갑지 않은 옛 습관으로 돌아가려는 모습을 발견한다면 어떤 일이 일어날까요? '이게 대체 무슨 일이지?'라고 자문하겠지요. 혹은 다음과 같이 스스로를 비판할 거예요. 이 일을 해내기에 나는 너무 게으르다고, 멍청하다고, 아니면 처음부터 해낼 능력이 없었다고 말입니다.

자, 이 후퇴를 앞으로도 자신에 대한 주도권을 쥐지 못하게 될 것에 대한 변명으로 삼을 건가요? 만일 그렇다고 대답하려고 했다면, 생각의 전환이 필요할 때입니다. 부정적인 자기비판은 의욕을 떨어뜨리고 자기 절제를 망칩니다. 그렇다면 당신이 약해졌을 때 어떤 태도를 취하는 것이 좋을까요?

해답은 바로 자신에 대한 자비와 용서입니다!

관대한 마음으로 자신을 이해하고 용서하세요. 모두가 실수를 하고 후퇴를 경험합니다. 이는 지극히 인간적이고 평범한 것입니다. 중요한 것은 당신이 그 상황을 대하는 태도입니다. 변화는 하나의 과정일 뿐 당신의 강점과 약점 사이에 벌어지는 전쟁이 아닙니다. 스스로를 때려눕히는 대신, 지금의 상황에서 배울 점은 무엇인지, 다음에 또 이런 상황이 벌어졌을 때 어떻게 대처해야 할지를 생각해야 합니다.

자책감은 이제 그만!

1. 실패를 생각했을 때의 감정과 자신에 대해 비판하는 말을 적어보세요.

---

2. 그 말의 타당성에 대해 생각해보고, 당신이 높이 평가하는 사람이 비슷한 어려움을 겪었을 때 어떤 관점에서 그 상황을 바라보았을지 생각해보세요.

---

3. 만약 당신의 친구가 이러한 상황에 처해 있다면 어떤 조언을 해줄 수 있을까요? 어떤 말들로 친구를 위로하고 용기를 북돋워줌으로써 친구가 계속해서 포기하지 않고 목표를 향해 나아가도록 해줄까요? 그 말을 적어보고, 당신 자신에게 그 말을 되돌려주세요!

오늘의 성공 기록
#20일차

아침

☐ 나는 내가 이 목표를 달성하고 싶은 이유를 잘 알고 있다. (2일차 참고)

☐ 나는 내가 목표를 달성할 수 있다고 확신한다. (4일차 참고)

☐ 나는 목표에 도달하는 과정의 장애물들을 어떻게 다루어야 할지 알고 있다. (8일차 참고)

긍정적인 자기 확신의 말:

_____

_____

_____

나는 내 목표에 더 가까이 가기 위해 오늘 이런 일들을 할 것이다. (최대 세 가지)

1. _____

2. _____

3. _____

저녁

오늘 세운 계획을 잘 실행했나요?

1. ☐ 예　　　　　　　☐ 중간　　　　　　　☐ 아니오
2. ☐ 예　　　　　　　☐ 중간　　　　　　　☐ 아니오
3. ☐ 예　　　　　　　☐ 중간　　　　　　　☐ 아니오

오늘 배운 것은 무엇인가요? 어떤 상황을 통해 더 성장할 수 있었나요?

_____

_____

_____

**"우리의 위대함은 절대로 실패하지 않는 데 있는 것이 아니라,
매번 다시 일어서는 데 있다."**

- 랄프 왈도 에머슨

야호, 목표 달성!

3주 동안이나 목표를 향해 계속해서 전진한 당신, 정말 대단해요! 스스로 세운 원칙들을 흐트러뜨리지 않고 이만큼이나 관철시킨 것을 자랑스러워 해도 좋습니다! 오늘 하루쯤은 제대로 자축해도 됩니다. 당신의 성공을 친구, 가족, 동료들과 나눠보세요. 오늘만은 뭔가 특별한 것을 즐겨도 좋습니다. 무엇을 하고 싶은가요?

당신은 이제 동기 및 태도 심리학 영역의 최고 전략들을 모두 배웠어요. 이제는 배운 것을 이용해 당신의 오랜 나쁜 습관들을 폐기하고 삶을 원하는 대로 바꿀 일만 남았네요!

삶의 변화를 위해선 이제 :

유지가 중요해요!!!

당신이 설정한 새로운 루틴을 스스로 만든 완벽한 환경 조건 속에서 더 자주 실행에 옮길수록, 그것은 성공하는 습관에 가까이 데려다줄 것입니다. 실은 목표 그 자체보다는 목표를 이루는 과정이 바로 우리의 진정한 목표 거든요. 그러니 당신의 꿈에 매일 조금씩 더 가까이 다가가고, 그 누구도, 그 무엇도 그 움직임을 방해할 수 없게 하세요.

이제 지금껏 배운 전략들을 스스로 증명해 보일 시간입니다. 걱정하지 마세요. 이 책이 66일째 되는 날까지 당신을 전력을 다해 지원할 거랍니다. 배운 것들을 잘 실행하고 있는지, 매주 체크해보는 것도 잊지 마세요.

오늘의 성공 기록
#21일차

아침 ☀

☐ 나는 내가 이 목표를 달성하고 싶은 이유를 잘 알고 있다. (2일차 참고)

☐ 나는 내가 목표를 달성할 수 있다고 확신한다. (4일차 참고)

☐ 나는 목표에 도달하는 과정의 장애물들을 어떻게 다루어야 할지 알고 있다. (8일차 참고)

긍정적인 자기 확신의 말:

_____

_____

_____

나는 내 목표에 더 가까이 가기 위해 오늘 이런 일들을 할 것이다. (최대 세 가지)

1. _____

2. _____

3. _____

저녁 ☆(☆

오늘 세운 계획을 잘 실행했나요?

1. ☐예   ☐중간   ☐아니오
2. ☐예   ☐중간   ☐아니오
3. ☐예   ☐중간   ☐아니오

오늘 배운 것은 무엇인가요? 어떤 상황을 통해 더 성장할 수 있었나요?

_____

_____

_____

"성공하기 위해서 당신에게 필요한 것은 오직 단 한 번의 기회이다."

- 제시 오언스

나를 바꾸는
4단계

마지막 66일까지
성공 기록과 주간 점검 계속하기

오늘의 성공 기록
#22일차

아침

☐ 나는 내가 이 목표를 달성하고 싶은 이유를 잘 알고 있다. (2일차 참고)

☐ 나는 내가 목표를 달성할 수 있다고 확신한다. (4일차 참고)

☐ 나는 목표에 도달하는 과정의 장애물들을 어떻게 다루어야 할지 알고 있다. (8일차 참고)

긍정적인 자기 확신의 말:

_____

_____

_____

나는 내 목표에 더 가까이 가기 위해 오늘 이런 일들을 할 것이다. (최대 세 가지)

1. _____

2. _____

3. _____

저녁

오늘 세운 계획을 잘 실행했나요?

1. ☐예   ☐중간   ☐아니오
2. ☐예   ☐중간   ☐아니오
3. ☐예   ☐중간   ☐아니오

오늘 배운 것은 무엇인가요? 어떤 상황을 통해 더 성장할 수 있었나요?

_____

_____

_____

"당신의 선택 하나하나가 최종 결과로 이어진다."

-지그 지글러

오늘의 성공 기록
#23일차

아침

☐ 나는 내가 이 목표를 달성하고 싶은 이유를 잘 알고 있다. (2일차 참고)

☐ 나는 내가 목표를 달성할 수 있다고 확신한다. (4일차 참고)

☐ 나는 목표에 도달하는 과정의 장애물들을 어떻게 다루어야 할지 알고 있다. (8일차 참고)

긍정적인 자기 확신의 말:

_____

_____

_____

나는 내 목표에 더 가까이 가기 위해 오늘 이런 일들을 할 것이다. (최대 세 가지)

1. _____

2. _____

3. _____

저녁

오늘 세운 계획을 잘 실행했나요?

1. ☐예　　　　　　　☐중간　　　　　　　☐아니오

2. ☐예　　　　　　　☐중간　　　　　　　☐아니오

3. ☐예　　　　　　　☐중간　　　　　　　☐아니오

오늘 배운 것은 무엇인가요? 어떤 상황을 통해 더 성장할 수 있었나요?

_____

_____

_____

**"무언가를 원하는 사람은 길을 찾기 마련이다.
무언가를 원하지 않는 사람은 핑계를 찾는다."**
-닐 도널드 월쉬

오늘의 성공 기록
#24일차

아침

☐ 나는 내가 이 목표를 달성하고 싶은 이유를 잘 알고 있다. (2일차 참고)

☐ 나는 내가 목표를 달성할 수 있다고 확신한다. (4일차 참고)

☐ 나는 목표에 도달하는 과정의 장애물들을 어떻게 다루어야 할지 알고 있다. (8일차 참고)

긍정적인 자기 확신의 말:

_____

_____

_____

나는 내 목표에 더 가까이 가기 위해 오늘 이런 일들을 할 것이다. (최대 세 가지)

1. _____

2. _____

3. _____

저녁 🌙

오늘 세운 계획을 잘 실행했나요?

1. ☐ 예   ☐ 중간   ☐ 아니오
2. ☐ 예   ☐ 중간   ☐ 아니오
3. ☐ 예   ☐ 중간   ☐ 아니오

오늘 배운 것은 무엇인가요? 어떤 상황을 통해 더 성장할 수 있었나요?

_____

_____

_____

**"당신 주변의 사람들은 당신이 거두게 될 미래의 성공을 좌우한다.
주위가 좋은 사람들로 둘러싸여 있는 한 실패란 없을 것이다."**

-웨인 후이젠가

주간 점검

'원하는 나'로 변화하는 길, 나는 어느 지점에 서 있나요?	0=실패					6=최고	
	0	1	2	3	4	5	6
1 나는 내 목표를 알고 있다.							
2 나는 내가 그 목표를 왜 이루고 싶어 하는지 정확히 알고 있다.							
3 꿈꾸는 목표를 이루는 데 있어서 잃는 것보다 얻는 것이 더 많다.							
4 나는 내가 목표에 도달할 수 있다고 확신한다.							
5 나는 나쁜 습관을 좋은 습관들로 대체했다.							
6 나는 나의 계획을 수행하는 데 유리한 구조를 마련하는 데 성공했다.							
7 나는 나의 사회적 관계가 주는 응원을 적극적으로 이용한다.							
8 WOOP의 도움으로 나를 방해하는 장애물들을 어떻게 다루어야 할지 연습한다.							
9 개인적으로 고정한 닻이 내가 꿈꾸는 목표를 늘 상기시킨다.							
10 나는 나의 발전을 성실히 기록하고 있으며, 가끔 스스로에게 적절한 보상을 제공한다.							
11 오늘의 성공 기록을 통해 과정을 성찰하고 새로운 동기를 얻는다.							
12 나는 내게 주어진 모든 것에 감사한다.							

13	나는 내가 롤모델로 삼은 사람의 경험으로부터 많은 것을 배운다.							
14	나는 나 자신과 다른 사람들에 대해 책임감을 가지고 있다.							
15	나는 매일매일 스트레스를 해소하는 트레이닝을 한다.							
16	나는 지금 이 순간의 나 자신과 나의 생각, 그리고 감정들에 충분한 주의를 기울이며 살고 있다.							
17	나는 충분한 수면과 영양적으로 균형 잡힌 식사, 그리고 규칙적인 운동으로 매일 잘 회복하고 있다.							
18	나는 내 안의 부정적인 신념 명제들을 긍정적인 것으로 변화시켰다.							
19	나의 긍정적인 신념 명제들은 정신적인 영역과 단단히 연결되어 있다.							
20	나는 후퇴할지라도 자비로운 마음으로 용서한다.							
21	나는 진정한 '나쁜 습관 브레이커'이고, 나의 계획을 성공적으로 관철할 것이다.							

나는 ＿＿＿＿＿＿＿＿＿＿＿＿＿＿＿＿ 에 감사합니다.

왜냐하면 ＿＿＿＿＿＿＿＿＿＿＿＿＿＿＿＿＿＿＿＿＿＿＿

＿＿＿＿＿＿＿＿＿＿＿＿＿＿＿＿＿＿＿＿＿＿＿＿＿＿＿＿＿＿

＿＿＿＿＿＿＿＿＿＿＿＿＿＿＿＿＿＿＿＿＿＿＿＿＿＿＿＿＿＿

오늘의 성공 기록
#25일차

아침

☐ 나는 내가 이 목표를 달성하고 싶은 이유를 잘 알고 있다. (2일차 참고)

☐ 나는 내가 목표를 달성할 수 있다고 확신한다. (4일차 참고)

☐ 나는 목표에 도달하는 과정의 장애물들을 어떻게 다루어야 할지 알고
있다. (8일차 참고)

긍정적인 자기 확신의 말:

_____

_____

_____

나는 내 목표에 더 가까이 가기 위해 오늘 이런 일들을 할 것이다. (최대 세
가지)

1. _____

2. _____

3. _____

저녁

오늘 세운 계획을 잘 실행했나요?

1. ☐ 예 　　　　　☐ 중간 　　　　　☐ 아니오
2. ☐ 예 　　　　　☐ 중간 　　　　　☐ 아니오
3. ☐ 예 　　　　　☐ 중간 　　　　　☐ 아니오

오늘 배운 것은 무엇인가요? 어떤 상황을 통해 더 성장할 수 있었나요?

_____

_____

_____

"가능한 것을 성취하기 위해서는 불가능한 것에 도전해야 한다."

- 헤르만 헤세

오늘의 성공 기록
#26일차

아침

☐ 나는 내가 이 목표를 달성하고 싶은 이유를 잘 알고 있다. (2일차 참고)

☐ 나는 내가 목표를 달성할 수 있다고 확신한다. (4일차 참고)

☐ 나는 목표에 도달하는 과정의 장애물들을 어떻게 다루어야 할지 알고 있다. (8일차 참고)

긍정적인 자기 확신의 말:

_____

_____

_____

나는 내 목표에 더 가까이 가기 위해 오늘 이런 일들을 할 것이다. (최대 세 가지)

1. _____

2. _____

3. _____

저녁

오늘 세운 계획을 잘 실행했나요?

1. ☐예   ☐중간   ☐아니오
2. ☐예   ☐중간   ☐아니오
3. ☐예   ☐중간   ☐아니오

오늘 배운 것은 무엇인가요? 어떤 상황을 통해 더 성장할 수 있었나요?

_____

_____

_____

"당신의 안전거리를 벗어나는 곳에서 비로소 변화가 시작된다."
-닐 도널드 월쉬

오늘의 성공 기록
#27일차

아침

☐ 나는 내가 이 목표를 달성하고 싶은 이유를 잘 알고 있다. (2일차 참고)

☐ 나는 내가 목표를 달성할 수 있다고 확신한다. (4일차 참고)

☐ 나는 목표에 도달하는 과정의 장애물들을 어떻게 다루어야 할지 알고 있다. (8일차 참고)

긍정적인 자기 확신의 말:

_____

_____

_____

나는 내 목표에 더 가까이 가기 위해 오늘 이런 일들을 할 것이다. (최대 세 가지)

1. _____

2. _____

3. _____

저녁

오늘 세운 계획을 잘 실행했나요?

1. ☐ 예   ☐ 중간   ☐ 아니오
2. ☐ 예   ☐ 중간   ☐ 아니오
3. ☐ 예   ☐ 중간   ☐ 아니오

오늘 배운 것은 무엇인가요? 어떤 상황을 통해 더 성장할 수 있었나요?

_____

_____

_____

"계획이 제대로 작동하지 않았다면 변경하도록 한다.
그러나 당신의 목표만은 절대 건드리지 말아야 할 것이다."

-닐 도널드 월쉬

오늘의 성공 기록
#28일차

아침 ☀

☐ 나는 내가 이 목표를 달성하고 싶은 이유를 잘 알고 있다. (2일차 참고)

☐ 나는 내가 목표를 달성할 수 있다고 확신한다. (4일차 참고)

☐ 나는 목표에 도달하는 과정의 장애물들을 어떻게 다루어야 할지 알고 있다. (8일차 참고)

긍정적인 자기 확신의 말:

_____

_____

_____

나는 내 목표에 더 가까이 가기 위해 오늘 이런 일들을 할 것이다. (최대 세 가지)

1. _____

2. _____

3. _____

저녁

오늘 세운 계획을 잘 실행했나요?

1. ☐ 예   ☐ 중간   ☐ 아니오
2. ☐ 예   ☐ 중간   ☐ 아니오
3. ☐ 예   ☐ 중간   ☐ 아니오

오늘 배운 것은 무엇인가요? 어떤 상황을 통해 더 성장할 수 있었나요?

_____

_____

_____

"모든 꿈은 이루어질 것이다, 당신이 꿈을 좇을 용기를 내는 한."
-월트 디즈니

오늘의 성공 기록
#29일차

아침 ☀

☐ 나는 내가 이 목표를 달성하고 싶은 이유를 잘 알고 있다. (2일차 참고)

☐ 나는 내가 목표를 달성할 수 있다고 확신한다. (4일차 참고)

☐ 나는 목표에 도달하는 과정의 장애물들을 어떻게 다루어야 할지 알고
있다. (8일차 참고)

긍정적인 자기 확신의 말:

_____

_____

_____

나는 내 목표에 더 가까이 가기 위해 오늘 이런 일들을 할 것이다. (최대
세 가지)

1. _____

2. _____

3. _____

저녁 🌙

오늘 세운 계획을 잘 실행했나요?

1. ☐ 예   ☐ 중간   ☐ 아니오

2. ☐ 예   ☐ 중간   ☐ 아니오

3. ☐ 예   ☐ 중간   ☐ 아니오

오늘 배운 것은 무엇인가요? 어떤 상황을 통해 더 성장할 수 있었나요?

_____

_____

_____

**"낙관주의자는 늘 길을 찾아내고야 만다.
비관주의자가 마주치는 것은 항상 막다른 골목이다."**

-나폴레옹

오늘의 성공 기록
#30일차

아침 ☼

☐ 나는 내가 이 목표를 달성하고 싶은 이유를 잘 알고 있다. (2일차 참고)

☐ 나는 내가 목표를 달성할 수 있다고 확신한다. (4일차 참고)

☐ 나는 목표에 도달하는 과정의 장애물들을 어떻게 다루어야 할지 알고 있다. (8일차 참고)

긍정적인 자기 확신의 말:

_____

_____

_____

나는 내 목표에 더 가까이 가기 위해 오늘 이런 일들을 할 것이다. (최대 세 가지)

1. _____

2. _____

3. _____

저녁

오늘 세운 계획을 잘 실행했나요?

1. ☐예   ☐중간   ☐아니오
2. ☐예   ☐중간   ☐아니오
3. ☐예   ☐중간   ☐아니오

오늘 배운 것은 무엇인가요? 어떤 상황을 통해 더 성장할 수 있었나요?

_____

_____

_____

"오늘 생각하는 것이 너의 내일이다."
-붓다

오늘의 성공 기록
#31일차

아침 ☀

☐ 나는 내가 이 목표를 달성하고 싶은 이유를 잘 알고 있다. (2일차 참고)

☐ 나는 내가 목표를 달성할 수 있다고 확신한다. (4일차 참고)

☐ 나는 목표에 도달하는 과정의 장애물들을 어떻게 다루어야 할지 알고
있다. (8일차 참고)

긍정적인 자기 확신의 말:

_____

_____

_____

나는 내 목표에 더 가까이 가기 위해 오늘 이런 일들을 할 것이다. (최대 세

가지)

1. _____

2. _____

3. _____

저녁

오늘 세운 계획을 잘 실행했나요?

1. ☐예   ☐중간   ☐아니오

2. ☐예   ☐중간   ☐아니오

3. ☐예   ☐중간   ☐아니오

오늘 배운 것은 무엇인가요? 어떤 상황을 통해 더 성장할 수 있었나요?

_____

_____

_____

"할 줄 아는 것만을 계속 반복하는 자는
자신의 현재 모습에 그대로 영영 머무를 수밖에 없다."

-헨리 포드

주간 점검

'원하는 나'로 변화하는 길, 나는 어느 지점에 서 있나요?	0=실패					6=최고	
	0	1	2	3	4	5	6
1 나는 내 목표를 알고 있다.							
2 나는 내가 그 목표를 왜 이루고 싶어 하는지 정확히 알고 있다.							
3 꿈꾸는 목표를 이루는 데 있어서 잃는 것보다 얻는 것이 더 많다.							
4 나는 내가 목표에 도달할 수 있다고 확신한다.							
5 나는 나쁜 습관을 좋은 습관들로 대체했다.							
6 나는 나의 계획을 수행하는 데 유리한 구조를 마련하는 데 성공했다.							
7 나는 나의 사회적 관계가 주는 응원을 적극적으로 이용한다.							
8 WOOP의 도움으로 나를 방해하는 장애물들을 어떻게 다루어야 할지 연습한다.							
9 개인적으로 고정한 닻이 내가 꿈꾸는 목표를 늘 상기시킨다.							
10 나는 나의 발전을 성실히 기록하고 있으며, 가끔 스스로에게 적절한 보상을 제공한다.							
11 오늘의 성공 기록을 통해 과정을 성찰하고 새로운 동기를 얻는다.							
12 나는 내게 주어진 모든 것에 감사한다.							

13	나는 내가 롤모델로 삼은 사람의 경험으로부터 많은 것을 배운다.							
14	나는 나 자신과 다른 사람들에 대해 책임감을 가지고 있다.							
15	나는 매일매일 스트레스를 해소하는 트레이닝을 한다.							
16	나는 지금 이 순간의 나 자신과 나의 생각, 그리고 감정들에 충분한 주의를 기울이며 살고 있다.							
17	나는 충분한 수면과 영양적으로 균형 잡힌 식사, 그리고 규칙적인 운동으로 매일 잘 회복하고 있다.							
18	나는 내 안의 부정적인 신념 명제들을 긍정적인 것으로 변화시켰다.							
19	나의 긍정적인 신념 명제들은 정신적인 영역과 단단히 연결되어 있다.							
20	나는 후퇴할지라도 자비로운 마음으로 용서한다.							
21	나는 진정한 '나쁜 습관 브레이커'이고, 나의 계획을 성공적으로 관철할 것이다.							

나는 _____ 에 감사합니다.

왜냐하면 _____

_____

_____

오늘의 성공 기록
#32일차

아침

☐ 나는 내가 이 목표를 달성하고 싶은 이유를 잘 알고 있다. (2일차 참고)

☐ 나는 내가 목표를 달성할 수 있다고 확신한다. (4일차 참고)

☐ 나는 목표에 도달하는 과정의 장애물들을 어떻게 다루어야 할지 알고
있다. (8일차 참고)

긍정적인 자기 확신의 말:

_____

_____

_____

나는 내 목표에 더 가까이 가기 위해 오늘 이런 일들을 할 것이다. (최대 세
가지)

1. _____

2. _____

3. _____

저녁

오늘 세운 계획을 잘 실행했나요?

1. ☐ 예　　　　　　　☐ 중간　　　　　　　☐ 아니오
2. ☐ 예　　　　　　　☐ 중간　　　　　　　☐ 아니오
3. ☐ 예　　　　　　　☐ 중간　　　　　　　☐ 아니오

오늘 배운 것은 무엇인가요? 어떤 상황을 통해 더 성장할 수 있었나요?

_____

_____

_____

> **"외부의 환경이 삶을 변화시키는 것이 아니라
> 내면의 변화가 삶으로 표현되는 것이다."**
>
> -윌마 토말라

오늘의 성공 기록
#33일차

아침 ☀

☐ 나는 내가 이 목표를 달성하고 싶은 이유를 잘 알고 있다. (2일차 참고)

☐ 나는 내가 목표를 달성할 수 있다고 확신한다. (4일차 참고)

☐ 나는 목표에 도달하는 과정의 장애물들을 어떻게 다루어야 할지 알고 있다. (8일차 참고)

긍정적인 자기 확신의 말:

_____

_____

_____

나는 내 목표에 더 가까이 가기 위해 오늘 이런 일들을 할 것이다. (최대 세 가지)

1. _____

2. _____

3. _____

저녁

오늘 세운 계획을 잘 실행했나요?

1. ☐예   ☐중간   ☐아니오

2. ☐예   ☐중간   ☐아니오

3. ☐예   ☐중간   ☐아니오

오늘 배운 것은 무엇인가요? 어떤 상황을 통해 더 성장할 수 있었나요?

_____

_____

_____

"산을 옮기는 일은 작은 돌멩이 하나를 치우는 것에서부터 시작된다."

-중국 속담

오늘의 성공 기록
#34일차

아침

☐ 나는 내가 이 목표를 달성하고 싶은 이유를 잘 알고 있다. (2일차 참고)

☐ 나는 내가 목표를 달성할 수 있다고 확신한다. (4일차 참고)

☐ 나는 목표에 도달하는 과정의 장애물들을 어떻게 다루어야 할지 알고 있다. (8일차 참고)

긍정적인 자기 확신의 말:

_____

_____

_____

나는 내 목표에 더 가까이 가기 위해 오늘 이런 일들을 할 것이다. (최대 세 가지)

1. _____

2. _____

3. _____

저녁

오늘 세운 계획을 잘 실행했나요?

1. ☐ 예   ☐ 중간   ☐ 아니오
2. ☐ 예   ☐ 중간   ☐ 아니오
3. ☐ 예   ☐ 중간   ☐ 아니오

오늘 배운 것은 무엇인가요? 어떤 상황을 통해 더 성장할 수 있었나요?

_____

_____

_____

"당신이 스스로 아무것도 바꿀 수 없는 날은
인생에서 오직 두 날뿐이다. 어제와 내일."

-달라이 라마

오늘의 성공 기록
#35일차

아침

□ 나는 내가 이 목표를 달성하고 싶은 이유를 잘 알고 있다. (2일차 참고)

□ 나는 내가 목표를 달성할 수 있다고 확신한다. (4일차 참고)

□ 나는 목표에 도달하는 과정의 장애물들을 어떻게 다루어야 할지 알고 있다. (8일차 참고)

긍정적인 자기 확신의 말:

_____

_____

_____

나는 내 목표에 더 가까이 가기 위해 오늘 이런 일들을 할 것이다. (최대 세 가지)

1. _____

2. _____

3. _____

저녁 ☆🌙☆

오늘 세운 계획을 잘 실행했나요?

1. ☐예   ☐중간   ☐아니오
2. ☐예   ☐중간   ☐아니오
3. ☐예   ☐중간   ☐아니오

오늘 배운 것은 무엇인가요? 어떤 상황을 통해 더 성장할 수 있었나요?

_____

_____

_____

**"투쟁하는 사람은 질 수도 있다.
그러나 투쟁하지 않는 사람은 이미 진 것이다."**
-베르톨트 브레히트

오늘의 성공 기록
#36일차

아침 ☀️

☐ 나는 내가 이 목표를 달성하고 싶은 이유를 잘 알고 있다. (2일차 참고)

☐ 나는 내가 목표를 달성할 수 있다고 확신한다. (4일차 참고)

☐ 나는 목표에 도달하는 과정의 장애물들을 어떻게 다루어야 할지 알고 있다. (8일차 참고)

긍정적인 자기 확신의 말:

_____

_____

_____

나는 내 목표에 더 가까이 가기 위해 오늘 이런 일들을 할 것이다. (최대 세 가지)

1. _____

2. _____

3. _____

저녁 ☆🌙☆

오늘 세운 계획을 잘 실행했나요?

1. ☐예   ☐중간   ☐아니오
2. ☐예   ☐중간   ☐아니오
3. ☐예   ☐중간   ☐아니오

오늘 배운 것은 무엇인가요? 어떤 상황을 통해 더 성장할 수 있었나요?

_____

_____

_____

**"우리의 운명은 하늘의 별들에게 달려 있는 것이 아니라,
우리가 어떻게 행동하느냐에 달려 있다."**

-윌리엄 셰익스피어

오늘의 성공 기록
#37일차

아침

☐ 나는 내가 이 목표를 달성하고 싶은 이유를 잘 알고 있다. (2일차 참고)

☐ 나는 내가 목표를 달성할 수 있다고 확신한다. (4일차 참고)

☐ 나는 목표에 도달하는 과정의 장애물들을 어떻게 다루어야 할지 알고 있다. (8일차 참고)

긍정적인 자기 확신의 말:

_____

_____

_____

나는 내 목표에 더 가까이 가기 위해 오늘 이런 일들을 할 것이다. (최대 세 가지)

1. _____

2. _____

3. _____

저녁 ☽

오늘 세운 계획을 잘 실행했나요?

1. ☐예 ☐중간 ☐아니오
2. ☐예 ☐중간 ☐아니오
3. ☐예 ☐중간 ☐아니오

오늘 배운 것은 무엇인가요? 어떤 상황을 통해 더 성장할 수 있었나요?

_____

_____

_____

"인내심을 가지라. 모든 일은 쉬워지기 전에는 어려운 법이다."
-프랑스 속담

오늘의 성공 기록
#38일차

아침

☐ 나는 내가 이 목표를 달성하고 싶은 이유를 잘 알고 있다. (2일차 참고)

☐ 나는 내가 목표를 달성할 수 있다고 확신한다. (4일차 참고)

☐ 나는 목표에 도달하는 과정의 장애물들을 어떻게 다루어야 할지 알고 있다. (8일차 참고)

긍정적인 자기 확신의 말:

_____

_____

_____

나는 내 목표에 더 가까이 가기 위해 오늘 이런 일들을 할 것이다. (최대 세 가지)

1. _____

2. _____

3. _____

저녁

오늘 세운 계획을 잘 실행했나요?

1. ☐ 예   ☐ 중간   ☐ 아니오

2. ☐ 예   ☐ 중간   ☐ 아니오

3. ☐ 예   ☐ 중간   ☐ 아니오

오늘 배운 것은 무엇인가요? 어떤 상황을 통해 더 성장할 수 있었나요?

_____

_____

_____

"모든 것이 이상적인 날은 결코 오지 않는다.
우리가 그렇게 만든다면 오늘이 바로 그날이다."

-호라티우스

주간 점검

'원하는 나'로 변화하는 길, 나는 어느 지점에 서 있나요?	0=실패						6=최고
	0	1	2	3	4	5	6
1 나는 내 목표를 알고 있다.							
2 나는 내가 그 목표를 왜 이루고 싶어 하는지 정확히 알고 있다.							
3 꿈꾸는 목표를 이루는 데 있어서 잃는 것보다 얻는 것이 더 많다.							
4 나는 내가 목표에 도달할 수 있다고 확신한다.							
5 나는 나쁜 습관을 좋은 습관들로 대체했다.							
6 나는 나의 계획을 수행하는 데 유리한 구조를 마련하는 데 성공했다.							
7 나는 나의 사회적 관계가 주는 응원을 적극적으로 이용한다.							
8 WOOP의 도움으로 나를 방해하는 장애물들을 어떻게 다루어야 할지 연습한다.							
9 개인적으로 고정한 닻이 내가 꿈꾸는 목표를 늘 상기시킨다.							
10 나는 나의 발전을 성실히 기록하고 있으며, 가끔 스스로에게 적절한 보상을 제공한다.							
11 오늘의 성공 기록을 통해 과정을 성찰하고 새로운 동기를 얻는다.							
12 나는 내게 주어진 모든 것에 감사한다.							

13	나는 내가 롤모델로 삼은 사람의 경험으로부터 많은 것을 배운다.							
14	나는 나 자신과 다른 사람들에 대해 책임감을 가지고 있다.							
15	나는 매일매일 스트레스를 해소하는 트레이닝을 한다.							
16	나는 지금 이 순간의 나 자신과 나의 생각, 그리고 감정들에 충분한 주의를 기울이며 살고 있다.							
17	나는 충분한 수면과 영양적으로 균형 잡힌 식사, 그리고 규칙적인 운동으로 매일 잘 회복하고 있다.							
18	나는 내 안의 부정적인 신념 명제들을 긍정적인 것으로 변화시켰다.							
19	나의 긍정적인 신념 명제들은 정신적인 영역과 단단히 연결되어 있다.							
20	나는 후퇴할지라도 자비로운 마음으로 용서한다.							
21	나는 진정한 '나쁜 습관 브레이커'이고, 나의 계획을 성공적으로 관철할 것이다.							

나는 _____ 에 감사합니다.

왜냐하면 _____

_____

_____

오늘의 성공 기록
#39일차

아침

☐ 나는 내가 이 목표를 달성하고 싶은 이유를 잘 알고 있다. (2일차 참고)

☐ 나는 내가 목표를 달성할 수 있다고 확신한다. (4일차 참고)

☐ 나는 목표에 도달하는 과정의 장애물들을 어떻게 다루어야 할지 알고
  있다. (8일차 참고)

긍정적인 자기 확신의 말:

_____

_____

_____

나는 내 목표에 더 가까이 가기 위해 오늘 이런 일들을 할 것이다. (최대 세
가지)

1. _____

2. _____

3. _____

저녁

오늘 세운 계획을 잘 실행했나요?

1. ☐ 예　　　　　　　☐ 중간　　　　　　　☐ 아니오

2. ☐ 예　　　　　　　☐ 중간　　　　　　　☐ 아니오

3. ☐ 예　　　　　　　☐ 중간　　　　　　　☐ 아니오

오늘 배운 것은 무엇인가요? 어떤 상황을 통해 더 성장할 수 있었나요?

_____

_____

_____

**"인생에서 가장 힘든 시기는
내면적으로 강해질 수 있는 최고의 기회다."**

-달라이 라마

오늘의 성공 기록
#40일차

아침 ☀

☐ 나는 내가 이 목표를 달성하고 싶은 이유를 잘 알고 있다. (2일차 참고)

☐ 나는 내가 목표를 달성할 수 있다고 확신한다. (4일차 참고)

☐ 나는 목표에 도달하는 과정의 장애물들을 어떻게 다루어야 할지 알고 있다. (8일차 참고)

긍정적인 자기 확신의 말:

_____

_____

_____

나는 내 목표에 더 가까이 가기 위해 오늘 이런 일들을 할 것이다. (최대 세 가지)

1. _____

2. _____

3. _____

저녁 🌙

오늘 세운 계획을 잘 실행했나요?

1. ☐ 예   ☐ 중간   ☐ 아니오
2. ☐ 예   ☐ 중간   ☐ 아니오
3. ☐ 예   ☐ 중간   ☐ 아니오

오늘 배운 것은 무엇인가요? 어떤 상황을 통해 더 성장할 수 있었나요?

_____

_____

_____

> **"게으름을 털어버리고 자신이 진정 원하는 것은 무엇이든지 할 수 있다는 것을 믿는다면, 인간이 할 수 있는 일은 무한히 많을 것이다."**
> -닐 도널드 월쉬

오늘의 성공 기록
#41일차

아침

☐ 나는 내가 이 목표를 달성하고 싶은 이유를 잘 알고 있다. (2일차 참고)

☐ 나는 내가 목표를 달성할 수 있다고 확신한다. (4일차 참고)

☐ 나는 목표에 도달하는 과정의 장애물들을 어떻게 다루어야 할지 알고
있다. (8일차 참고)

긍정적인 자기 확신의 말:

_____

_____

_____

나는 내 목표에 더 가까이 가기 위해 오늘 이런 일들을 할 것이다. (최대 세
가지)

1. _____

2. _____

3. _____

저녁 ☆☾☆

오늘 세운 계획을 잘 실행했나요?

1. ☐예   ☐중간   ☐아니오
2. ☐예   ☐중간   ☐아니오
3. ☐예   ☐중간   ☐아니오

오늘 배운 것은 무엇인가요? 어떤 상황을 통해 더 성장할 수 있었나요?

_____

_____

_____

**"장애물은 나를 멈추게 할 수 없다.
단호한 결단력은 모든 방해물을 물리친다."**

-레오나르도 다빈치

오늘의 성공 기록
#42일차

아침 ☼

☐ 나는 내가 이 목표를 달성하고 싶은 이유를 잘 알고 있다. (2일차 참고)

☐ 나는 내가 목표를 달성할 수 있다고 확신한다. (4일차 참고)

☐ 나는 목표에 도달하는 과정의 장애물들을 어떻게 다루어야 할지 알고 있다. (8일차 참고)

긍정적인 자기 확신의 말:

_____

_____

_____

나는 내 목표에 더 가까이 가기 위해 오늘 이런 일들을 할 것이다. (최대 세 가지)

1. _____

2. _____

3. _____

저녁

오늘 세운 계획을 잘 실행했나요?

1. ☐예   ☐중간   ☐아니오

2. ☐예   ☐중간   ☐아니오

3. ☐예   ☐중간   ☐아니오

오늘 배운 것은 무엇인가요? 어떤 상황을 통해 더 성장할 수 있었나요?

_____

_____

_____

"내가 추락한다면? 오, 그대여, 당신이 훨훨 날아간다면?"

-에린 핸슨

오늘의 성공 기록
#43일차

아침

☐ 나는 내가 이 목표를 달성하고 싶은 이유를 잘 알고 있다. (2일차 참고)

☐ 나는 내가 목표를 달성할 수 있다고 확신한다. (4일차 참고)

☐ 나는 목표에 도달하는 과정의 장애물들을 어떻게 다루어야 할지 알고
   있다. (8일차 참고)

긍정적인 자기 확신의 말:

_____

_____

_____

나는 내 목표에 더 가까이 가기 위해 오늘 이런 일들을 할 것이다. (최대 세

가지)

1. _____

2. _____

3. _____

저녁 ☪

오늘 세운 계획을 잘 실행했나요?

1. ☐ 예   ☐ 중간   ☐ 아니오

2. ☐ 예   ☐ 중간   ☐ 아니오

3. ☐ 예   ☐ 중간   ☐ 아니오

오늘 배운 것은 무엇인가요? 어떤 상황을 통해 더 성장할 수 있었나요?

_____

_____

_____

> **"어느 하루가 당신에게 호의적이지 않았다면,
> 그날은 적어도 교훈을 남겼을 것이다."**
>
> -노자

오늘의 성공 기록
#44일차

아침

☐ 나는 내가 이 목표를 달성하고 싶은 이유를 잘 알고 있다. (2일차 참고)

☐ 나는 내가 목표를 달성할 수 있다고 확신한다. (4일차 참고)

☐ 나는 목표에 도달하는 과정의 장애물들을 어떻게 다루어야 할지 알고 있다. (8일차 참고)

긍정적인 자기 확신의 말:

_____

_____

_____

나는 내 목표에 더 가까이 가기 위해 오늘 이런 일들을 할 것이다. (최대 세 가지)

1. _____

2. _____

3. _____

저녁 ☆🌙☆

오늘 세운 계획을 잘 실행했나요?

1. ☐예   ☐중간   ☐아니오

2. ☐예   ☐중간   ☐아니오

3. ☐예   ☐중간   ☐아니오

오늘 배운 것은 무엇인가요? 어떤 상황을 통해 더 성장할 수 있었나요?

_____

_____

_____

"행복은 신의 선물이 아니라 내면의 사고방식이 맺은 열매이다."
-에리히 프롬

오늘의 성공 기록
#45일차

아침

☐ 나는 내가 이 목표를 달성하고 싶은 이유를 잘 알고 있다. (2일차 참고)

☐ 나는 내가 목표를 달성할 수 있다고 확신한다. (4일차 참고)

☐ 나는 목표에 도달하는 과정의 장애물들을 어떻게 다루어야 할지 알고 있다. (8일차 참고)

긍정적인 자기 확신의 말:

_____

_____

_____

나는 내 목표에 더 가까이 가기 위해 오늘 이런 일들을 할 것이다. (최대 세 가지)

1. _____

2. _____

3. _____

저녁

오늘 세운 계획을 잘 실행했나요?

1. ☐예   ☐중간   ☐아니오
2. ☐예   ☐중간   ☐아니오
3. ☐예   ☐중간   ☐아니오

오늘 배운 것은 무엇인가요? 어떤 상황을 통해 더 성장할 수 있었나요?

_____

_____

_____

"원하는 것을 하고자 할 때 없는 것은 시간이다."

-에른스트 퍼스틀

주간 점검

'원하는 나'로 변화하는 길, 나는 어느 지점에 서 있나요?	0=실패					6=최고	
	0	1	2	3	4	5	6
1 나는 내 목표를 알고 있다.							
2 나는 내가 그 목표를 왜 이루고 싶어 하는지 정확히 알고 있다.							
3 꿈꾸는 목표를 이루는 데 있어서 잃는 것보다 얻는 것이 더 많다.							
4 나는 내가 목표에 도달할 수 있다고 확신한다.							
5 나는 나쁜 습관을 좋은 습관들로 대체했다.							
6 나는 나의 계획을 수행하는 데 유리한 구조를 마련하는 데 성공했다.							
7 나는 나의 사회적 관계가 주는 응원을 적극적으로 이용한다.							
8 WOOP의 도움으로 나를 방해하는 장애물들을 어떻게 다루어야 할지 연습한다.							
9 개인적으로 고정한 닻이 내가 꿈꾸는 목표를 늘 상기시킨다.							
10 나는 나의 발전을 성실히 기록하고 있으며, 가끔 스스로에게 적절한 보상을 제공한다.							
11 오늘의 성공 기록을 통해 과정을 성찰하고 새로운 동기를 얻는다.							
12 나는 내게 주어진 모든 것에 감사한다.							

13	나는 내가 롤모델로 삼은 사람의 경험으로부터 많은 것을 배운다.							
14	나는 나 자신과 다른 사람들에 대해 책임감을 가지고 있다.							
15	나는 매일매일 스트레스를 해소하는 트레이닝을 한다.							
16	나는 지금 이 순간의 나 자신과 나의 생각, 그리고 감정들에 충분한 주의를 기울이며 살고 있다.							
17	나는 충분한 수면과 영양적으로 균형 잡힌 식사, 그리고 규칙적인 운동으로 매일 잘 회복하고 있다.							
18	나는 내 안의 부정적인 신념 명제들을 긍정적인 것으로 변화시켰다.							
19	나의 긍정적인 신념 명제들은 정신적인 영역과 단단히 연결되어 있다.							
20	나는 후퇴할지라도 자비로운 마음으로 용서한다.							
21	나는 진정한 '나쁜 습관 브레이커'이고, 나의 계획을 성공적으로 관철할 것이다.							

나는 _____ 에 감사합니다.

왜냐하면 _____

_____

_____

오늘의 성공 기록
#46일차

아침

☐ 나는 내가 이 목표를 달성하고 싶은 이유를 잘 알고 있다. (2일차 참고)

☐ 나는 내가 목표를 달성할 수 있다고 확신한다. (4일차 참고)

☐ 나는 목표에 도달하는 과정의 장애물들을 어떻게 다루어야 할지 알고
  있다. (8일차 참고)

긍정적인 자기 확신의 말:

_____

_____

_____

나는 내 목표에 더 가까이 가기 위해 오늘 이런 일들을 할 것이다. (최대
세 가지)

1. _____

2. _____

3. _____

저녁

오늘 세운 계획을 잘 실행했나요?

1. ☐ 예 　　　　　　☐ 중간 　　　　　　☐ 아니오
2. ☐ 예 　　　　　　☐ 중간 　　　　　　☐ 아니오
3. ☐ 예 　　　　　　☐ 중간 　　　　　　☐ 아니오

오늘 배운 것은 무엇인가요? 어떤 상황을 통해 더 성장할 수 있었나요?

_____

_____

_____

"아는 것으로는 충분치 않으며, 적용할 수 있어야 한다.
원하는 것만으로는 부족하며, 행동으로 옮겨야만 한다."

-요한 볼프강 폰 괴테

오늘의 성공 기록
#47일차

아침

☐ 나는 내가 이 목표를 달성하고 싶은 이유를 잘 알고 있다. (2일차 참고)

☐ 나는 내가 목표를 달성할 수 있다고 확신한다. (4일차 참고)

☐ 나는 목표에 도달하는 과정의 장애물들을 어떻게 다루어야 할지 알고 있다. (8일차 참고)

긍정적인 자기 확신의 말:

_____

_____

_____

나는 내 목표에 더 가까이 가기 위해 오늘 이런 일들을 할 것이다. (최대 세 가지)

1. _____

2. _____

3. _____

저녁

오늘 세운 계획을 잘 실행했나요?

1. ☐ 예   ☐ 중간   ☐ 아니오

2. ☐ 예   ☐ 중간   ☐ 아니오

3. ☐ 예   ☐ 중간   ☐ 아니오

오늘 배운 것은 무엇인가요? 어떤 상황을 통해 더 성장할 수 있었나요?

_____

_____

_____

"길이 곧 목표이다."
-공자

오늘의 성공 기록
#48일차

아침

☐ 나는 내가 이 목표를 달성하고 싶은 이유를 잘 알고 있다. (2일차 참고)

☐ 나는 내가 목표를 달성할 수 있다고 확신한다. (4일차 참고)

☐ 나는 목표에 도달하는 과정의 장애물들을 어떻게 다루어야 할지 알고 있다. (8일차 참고)

긍정적인 자기 확신의 말:

_____

_____

_____

나는 내 목표에 더 가까이 가기 위해 오늘 이런 일들을 할 것이다. (최대 세 가지)

1. _____

2. _____

3. _____

저녁

오늘 세운 계획을 잘 실행했나요?

1. ☐ 예 　　　　　　☐ 중간 　　　　　　☐ 아니오

2. ☐ 예 　　　　　　☐ 중간 　　　　　　☐ 아니오

3. ☐ 예 　　　　　　☐ 중간 　　　　　　☐ 아니오

오늘 배운 것은 무엇인가요? 어떤 상황을 통해 더 성장할 수 있었나요?

_____

_____

_____

> **"눈물이 승리를 가져다주지는 않는다.**
> **무언가를 해내고자 한다면 즐겁게 해야 한다."**
> -테오도르 폰타네

오늘의 성공 기록
#49일차

아침 ☀

☐ 나는 내가 이 목표를 달성하고 싶은 이유를 잘 알고 있다. (2일차 참고)

☐ 나는 내가 목표를 달성할 수 있다고 확신한다. (4일차 참고)

☐ 나는 목표에 도달하는 과정의 장애물들을 어떻게 다루어야 할지 알고 있다. (8일차 참고)

긍정적인 자기 확신의 말:

_____

_____

_____

나는 내 목표에 더 가까이 가기 위해 오늘 이런 일들을 할 것이다. (최대 세 가지)

1. _____

2. _____

3. _____

저녁 ☽

오늘 세운 계획을 잘 실행했나요?

1. ☐ 예   ☐ 중간   ☐ 아니오

2. ☐ 예   ☐ 중간   ☐ 아니오

3. ☐ 예   ☐ 중간   ☐ 아니오

오늘 배운 것은 무엇인가요? 어떤 상황을 통해 더 성장할 수 있었나요?

_____

_____

_____

> **"이미 이룬 것은 알아채기 어렵다.**
> **눈에 띄는 것은 늘 아직 하지 못한 일들 뿐이다."**
> -마리 퀴리

오늘의 성공 기록
#50일차

아침 ☀

☐ 나는 내가 이 목표를 달성하고 싶은 이유를 잘 알고 있다. (2일차 참고)

☐ 나는 내가 목표를 달성할 수 있다고 확신한다. (4일차 참고)

☐ 나는 목표에 도달하는 과정의 장애물들을 어떻게 다루어야 할지 알고 있다. (8일차 참고)

긍정적인 자기 확신의 말:

_____

_____

_____

나는 내 목표에 더 가까이 가기 위해 오늘 이런 일들을 할 것이다. (최대 세 가지)

1. _____

2. _____

3. _____

저녁

오늘 세운 계획을 잘 실행했나요?

1. ☐ 예   ☐ 중간   ☐ 아니오

2. ☐ 예   ☐ 중간   ☐ 아니오

3. ☐ 예   ☐ 중간   ☐ 아니오

오늘 배운 것은 무엇인가요? 어떤 상황을 통해 더 성장할 수 있었나요?

_____

_____

_____

"자신의 힘을 믿는다면, 그 믿음으로 산도 옮길 수 있을 것이다."

-마리 폰 에브너 에셴바흐

오늘의 성공 기록
#51일차

아침 ☀️

☐ 나는 내가 이 목표를 달성하고 싶은 이유를 잘 알고 있다. (2일차 참고)

☐ 나는 내가 목표를 달성할 수 있다고 확신한다. (4일차 참고)

☐ 나는 목표에 도달하는 과정의 장애물들을 어떻게 다루어야 할지 알고 있다. (8일차 참고)

긍정적인 자기 확신의 말:

_____

_____

_____

나는 내 목표에 더 가까이 가기 위해 오늘 이런 일들을 할 것이다. (최대 세 가지)

1. _____

2. _____

3. _____

저녁 🌙

오늘 세운 계획을 잘 실행했나요?

1. ☐ 예   ☐ 중간   ☐ 아니오
2. ☐ 예   ☐ 중간   ☐ 아니오
3. ☐ 예   ☐ 중간   ☐ 아니오

오늘 배운 것은 무엇인가요? 어떤 상황을 통해 더 성장할 수 있었나요?

_____

_____

_____

"자꾸 미루는 습관은 시간을 좀먹는 도둑과 같다."

-에드워드 영

오늘의 성공 기록
#52일차

아침

☐ 나는 내가 이 목표를 달성하고 싶은 이유를 잘 알고 있다. (2일차 참고)

☐ 나는 내가 목표를 달성할 수 있다고 확신한다. (4일차 참고)

☐ 나는 목표에 도달하는 과정의 장애물들을 어떻게 다루어야 할지 알고
있다. (8일차 참고)

긍정적인 자기 확신의 말:

_____

_____

_____

나는 내 목표에 더 가까이 가기 위해 오늘 이런 일들을 할 것이다. (최대 세
가지)

1. _____

2. _____

3. _____

저녁

오늘 세운 계획을 잘 실행했나요?

1. ☐예 　　　　☐중간 　　　　☐아니오
2. ☐예 　　　　☐중간 　　　　☐아니오
3. ☐예 　　　　☐중간 　　　　☐아니오

오늘 배운 것은 무엇인가요? 어떤 상황을 통해 더 성장할 수 있었나요?

_____

_____

_____

"모든 어려운 일은 쉬운 것에서 시작되었으며,
모든 위대한 것은 사소한 것으로부터 시작되었다."

-노자

주간 점검

'원하는 나'로 변화하는 길, 나는 어느 지점에 서 있나요?	0=실패						6=최고
	0	1	2	3	4	5	6
1 나는 내 목표를 알고 있다.							
2 나는 내가 그 목표를 왜 이루고 싶어 하는지 정확히 알고 있다.							
3 꿈꾸는 목표를 이루는 데 있어서 잃는 것보다 얻는 것이 더 많다.							
4 나는 내가 목표에 도달할 수 있다고 확신한다.							
5 나는 나쁜 습관을 좋은 습관들로 대체했다.							
6 나는 나의 계획을 수행하는 데 유리한 구조를 마련하는 데 성공했다.							
7 나는 나의 사회적 관계가 주는 응원을 적극적으로 이용한다.							
8 WOOP의 도움으로 나를 방해하는 장애물들을 어떻게 다루어야 할지 연습한다.							
9 개인적으로 고정한 닻이 내가 꿈꾸는 목표를 늘 상기시킨다.							
10 나는 나의 발전을 성실히 기록하고 있으며, 가끔 스스로에게 적절한 보상을 제공한다.							
11 오늘의 성공 기록을 통해 과정을 성찰하고 새로운 동기를 얻는다.							
12 나는 내게 주어진 모든 것에 감사한다.							

13	나는 내가 롤모델로 삼은 사람의 경험으로부터 많은 것을 배운다.							
14	나는 나 자신과 다른 사람들에 대해 책임감을 가지고 있다.							
15	나는 매일매일 스트레스를 해소하는 트레이닝을 한다.							
16	나는 지금 이 순간의 나 자신과 나의 생각, 그리고 감정들에 충분한 주의를 기울이며 살고 있다.							
17	나는 충분한 수면과 영양적으로 균형 잡힌 식사, 그리고 규칙적인 운동으로 매일 잘 회복하고 있다.							
18	나는 내 안의 부정적인 신념 명제들을 긍정적인 것으로 변화시켰다.							
19	나의 긍정적인 신념 명제들은 정신적인 영역과 단단히 연결되어 있다.							
20	나는 후퇴할지라도 자비로운 마음으로 용서한다.							
21	나는 진정한 '나쁜 습관 브레이커'이고, 나의 계획을 성공적으로 관철할 것이다.							

나는 ＿＿＿＿＿＿＿＿＿＿＿＿＿＿＿＿ 에 감사합니다.

왜냐하면 ＿＿＿＿＿＿＿＿＿＿＿＿＿＿＿＿＿＿＿＿＿＿

＿＿＿＿＿＿＿＿＿＿＿＿＿＿＿＿＿＿＿＿＿＿＿＿＿＿

＿＿＿＿＿＿＿＿＿＿＿＿＿＿＿＿＿＿＿＿＿＿＿＿＿＿

오늘의 성공 기록
#53일차

아침

☐ 나는 내가 이 목표를 달성하고 싶은 이유를 잘 알고 있다. (2일차 참고)

☐ 나는 내가 목표를 달성할 수 있다고 확신한다. (4일차 참고)

☐ 나는 목표에 도달하는 과정의 장애물들을 어떻게 다루어야 할지 알고 있다. (8일차 참고)

긍정적인 자기 확신의 말:

_____

_____

_____

나는 내 목표에 더 가까이 가기 위해 오늘 이런 일들을 할 것이다. (최대 세 가지)

1. _____

2. _____

3. _____

저녁

오늘 세운 계획을 잘 실행했나요?

1. ☐ 예   ☐ 중간   ☐ 아니오

2. ☐ 예   ☐ 중간   ☐ 아니오

3. ☐ 예   ☐ 중간   ☐ 아니오

오늘 배운 것은 무엇인가요? 어떤 상황을 통해 더 성장할 수 있었나요?

_____

_____

_____

"당신이 스스로를 새롭게 하고 싶다면, 매일 그렇게 하라."

-공자

오늘의 성공 기록
#54일차

아침

☐ 나는 내가 이 목표를 달성하고 싶은 이유를 잘 알고 있다. (2일차 참고)

☐ 나는 내가 목표를 달성할 수 있다고 확신한다. (4일차 참고)

☐ 나는 목표에 도달하는 과정의 장애물들을 어떻게 다루어야 할지 알고 있다. (8일차 참고)

긍정적인 자기 확신의 말:

_____

_____

_____

나는 내 목표에 더 가까이 가기 위해 오늘 이런 일들을 할 것이다. (최대 세 가지)

1. _____

2. _____

3. _____

저녁

오늘 세운 계획을 잘 실행했나요?

1. ☐ 예   ☐ 중간   ☐ 아니오
2. ☐ 예   ☐ 중간   ☐ 아니오
3. ☐ 예   ☐ 중간   ☐ 아니오

오늘 배운 것은 무엇인가요? 어떤 상황을 통해 더 성장할 수 있었나요?

_____

_____

_____

**"오늘부터 1년 후에 당신은 '오늘 무언가를 시작했더라면'
이라고 후회하게 될지도 모른다."**

-카렌 램

오늘의 성공 기록
#55일차

아침

☐ 나는 내가 이 목표를 달성하고 싶은 이유를 잘 알고 있다. (2일차 참고)

☐ 나는 내가 목표를 달성할 수 있다고 확신한다. (4일차 참고)

☐ 나는 목표에 도달하는 과정의 장애물들을 어떻게 다루어야 할지 알고 있다. (8일차 참고)

긍정적인 자기 확신의 말:

_____

_____

_____

나는 내 목표에 더 가까이 가기 위해 오늘 이런 일들을 할 것이다. (최대 세 가지)

1. _____

2. _____

3. _____

저녁

오늘 세운 계획을 잘 실행했나요?

1. ☐예　　　　　　　☐중간　　　　　　　☐아니오
2. ☐예　　　　　　　☐중간　　　　　　　☐아니오
3. ☐예　　　　　　　☐중간　　　　　　　☐아니오

오늘 배운 것은 무엇인가요? 어떤 상황을 통해 더 성장할 수 있었나요?

_____

_____

_____

"성공하는 사람은 약점이 별로 없는 사람이 아니라, 오히려 자신의 약점을 잘 알고 적절한 전략을 통해 약점을 장점으로 바꾸는 사람이다."

-자브리나 하아제

오늘의 성공 기록
#56일차

아침 ☀

☐ 나는 내가 이 목표를 달성하고 싶은 이유를 잘 알고 있다. (2일차 참고)

☐ 나는 내가 목표를 달성할 수 있다고 확신한다. (4일차 참고)

☐ 나는 목표에 도달하는 과정의 장애물들을 어떻게 다루어야 할지 알고 있다. (8일차 참고)

긍정적인 자기 확신의 말:

_____

_____

_____

나는 내 목표에 더 가까이 가기 위해 오늘 이런 일들을 할 것이다. (최대 세 가지)

1. _____

2. _____

3. _____

저녁 ☆(☆

오늘 세운 계획을 잘 실행했나요?

1. ☐예   ☐중간   ☐아니오
2. ☐예   ☐중간   ☐아니오
3. ☐예   ☐중간   ☐아니오

오늘 배운 것은 무엇인가요? 어떤 상황을 통해 더 성장할 수 있었나요?

_____

_____

_____

"목표를 눈앞에서 잃어버리는 일 없이 나아가는 가장 느린 사람이라도,
목표 없이 이리저리 헤매는 사람보다는 더 빠르다."

-고트홀트 에프라임 레싱

오늘의 성공 기록
#57일차

아침 ☼

☐ 나는 내가 이 목표를 달성하고 싶은 이유를 잘 알고 있다. (2일차 참고)

☐ 나는 내가 목표를 달성할 수 있다고 확신한다. (4일차 참고)

☐ 나는 목표에 도달하는 과정의 장애물들을 어떻게 다루어야 할지 알고 있다. (8일차 참고)

긍정적인 자기 확신의 말:

_____

_____

_____

나는 내 목표에 더 가까이 가기 위해 오늘 이런 일들을 할 것이다. (최대 세 가지)

1. _____

2. _____

3. _____

저녁

오늘 세운 계획을 잘 실행했나요?

1. ☐예 ☐중간 ☐아니오
2. ☐예 ☐중간 ☐아니오
3. ☐예 ☐중간 ☐아니오

오늘 배운 것은 무엇인가요? 어떤 상황을 통해 더 성장할 수 있었나요?

_____

_____

_____

"우리의 삶은 우리 생각의 생산물이다."
-마르쿠스 아우렐리우스

오늘의 성공 기록
#58일차

아침

☐ 나는 내가 이 목표를 달성하고 싶은 이유를 잘 알고 있다. (2일차 참고)

☐ 나는 내가 목표를 달성할 수 있다고 확신한다. (4일차 참고)

☐ 나는 목표에 도달하는 과정의 장애물들을 어떻게 다루어야 할지 알고 있다. (8일차 참고)

긍정적인 자기 확신의 말:

_____

_____

_____

나는 내 목표에 더 가까이 가기 위해 오늘 이런 일들을 할 것이다. (최대 세 가지)

1. _____

2. _____

3. _____

저녁

오늘 세운 계획을 잘 실행했나요?

1. ☐예 ☐중간 ☐아니오
2. ☐예 ☐중간 ☐아니오
3. ☐예 ☐중간 ☐아니오

오늘 배운 것은 무엇인가요? 어떤 상황을 통해 더 성장할 수 있었나요?

_____

_____

_____

> **"지금이 아니라면 언제? 여기가 아니라면 어디?
> 당신이 아니라면 누가?"**
>
> -존 F. 케네디

오늘의 성공 기록
#59일차

아침

☐ 나는 내가 이 목표를 달성하고 싶은 이유를 잘 알고 있다. (2일차 참고)

☐ 나는 내가 목표를 달성할 수 있다고 확신한다. (4일차 참고)

☐ 나는 목표에 도달하는 과정의 장애물들을 어떻게 다루어야 할지 알고 있다. (8일차 참고)

긍정적인 자기 확신의 말:

_____

_____

_____

나는 내 목표에 더 가까이 가기 위해 오늘 이런 일들을 할 것이다. (최대 세 가지)

1. _____

2. _____

3. _____

저녁

오늘 세운 계획을 잘 실행했나요?

1. ☐ 예 ☐ 중간 ☐ 아니오
2. ☐ 예 ☐ 중간 ☐ 아니오
3. ☐ 예 ☐ 중간 ☐ 아니오

오늘 배운 것은 무엇인가요? 어떤 상황을 통해 더 성장할 수 있었나요?

_____

_____

_____

"변화 없이는 발전도 없다.
생각을 바꾸려고 하지 않는 사람은 그 무엇도 바꿀 수 없다."

-조지 버나드 쇼

주간 점검

'원하는 나'로 변화하는 길, 나는 어느 지점에 서 있나요?	0=실패					6=최고	
	0	1	2	3	4	5	6
1 나는 내 목표를 알고 있다.							
2 나는 내가 그 목표를 왜 이루고 싶어 하는지 정확히 알고 있다.							
3 꿈꾸는 목표를 이루는 데 있어서 잃는 것보다 얻는 것이 더 많다.							
4 나는 내가 목표에 도달할 수 있다고 확신한다.							
5 나는 나쁜 습관을 좋은 습관들로 대체했다.							
6 나는 나의 계획을 수행하는 데 유리한 구조를 마련하는 데 성공했다.							
7 나는 나의 사회적 관계가 주는 응원을 적극적으로 이용한다.							
8 WOOP의 도움으로 나를 방해하는 장애물들을 어떻게 다루어야 할지 연습한다.							
9 개인적으로 고정한 닻이 내가 꿈꾸는 목표를 늘 상기시킨다.							
10 나는 나의 발전을 성실히 기록하고 있으며, 가끔 스스로에게 적절한 보상을 제공한다.							
11 오늘의 성공 기록을 통해 과정을 성찰하고 새로운 동기를 얻는다.							
12 나는 내게 주어진 모든 것에 감사한다.							

13	나는 내가 롤모델로 삼은 사람의 경험으로부터 많은 것을 배운다.							
14	나는 나 자신과 다른 사람들에 대해 책임감을 가지고 있다.							
15	나는 매일매일 스트레스를 해소하는 트레이닝을 한다.							
16	나는 지금 이 순간의 나 자신과 나의 생각, 그리고 감정들에 충분한 주의를 기울이며 살고 있다.							
17	나는 충분한 수면과 영양적으로 균형 잡힌 식사, 그리고 규칙적인 운동으로 매일 잘 회복하고 있다.							
18	나는 내 안의 부정적인 신념 명제들을 긍정적인 것으로 변화시켰다.							
19	나의 긍정적인 신념 명제들은 정신적인 영역과 단단히 연결되어 있다.							
20	나는 후퇴할지라도 자비로운 마음으로 용서한다.							
21	나는 진정한 '나쁜 습관 브레이커'이고, 나의 계획을 성공적으로 관철할 것이다.							

나는 _____ 에 감사합니다.

왜냐하면 _____

_____

_____

오늘의 성공 기록
#60일차

아침

☐ 나는 내가 이 목표를 달성하고 싶은 이유를 잘 알고 있다. (2일차 참고)

☐ 나는 내가 목표를 달성할 수 있다고 확신한다. (4일차 참고)

☐ 나는 목표에 도달하는 과정의 장애물들을 어떻게 다루어야 할지 알고 있다. (8일차 참고)

긍정적인 자기 확신의 말:

_____

_____

_____

나는 내 목표에 더 가까이 가기 위해 오늘 이런 일들을 할 것이다. (최대 세 가지)

1. _____

2. _____

3. _____

저녁

오늘 세운 계획을 잘 실행했나요?

1. □예 　　　　　　　□중간 　　　　　　　□아니오
2. □예 　　　　　　　□중간 　　　　　　　□아니오
3. □예 　　　　　　　□중간 　　　　　　　□아니오

오늘 배운 것은 무엇인가요? 어떤 상황을 통해 더 성장할 수 있었나요?

_____

_____

_____

**"산이냐 언덕이냐의 차이는 결국 당신이
어떻게 보느냐에 달려 있다."**

-알 누하스

오늘의 성공 기록
#61일차

아침 ☼

☐ 나는 내가 이 목표를 달성하고 싶은 이유를 잘 알고 있다. (2일차 참고)

☐ 나는 내가 목표를 달성할 수 있다고 확신한다. (4일차 참고)

☐ 나는 목표에 도달하는 과정의 장애물들을 어떻게 다루어야 할지 알고 있다. (8일차 참고)

긍정적인 자기 확신의 말:

_____

_____

_____

나는 내 목표에 더 가까이 가기 위해 오늘 이런 일들을 할 것이다. (최대 세 가지)

1. _____

2. _____

3. _____

저녁

오늘 세운 계획을 잘 실행했나요?

1. ☐ 예   ☐ 중간   ☐ 아니오
2. ☐ 예   ☐ 중간   ☐ 아니오
3. ☐ 예   ☐ 중간   ☐ 아니오

오늘 배운 것은 무엇인가요? 어떤 상황을 통해 더 성장할 수 있었나요?

_____

_____

_____

"당신의 선택 하나하나가 최종 결과로 이어진다."

-지그 지글러

오늘의 성공 기록
#62일차

아침

☐ 나는 내가 이 목표를 달성하고 싶은 이유를 잘 알고 있다. (2일차 참고)

☐ 나는 내가 목표를 달성할 수 있다고 확신한다. (4일차 참고)

☐ 나는 목표에 도달하는 과정의 장애물들을 어떻게 다루어야 할지 알고 있다. (8일차 참고)

긍정적인 자기 확신의 말:

_____

_____

_____

나는 내 목표에 더 가까이 가기 위해 오늘 이런 일들을 할 것이다. (최대 세 가지)

1. _____

2. _____

3. _____

저녁

오늘 세운 계획을 잘 실행했나요?

1. ☐ 예   ☐ 중간   ☐ 아니오
2. ☐ 예   ☐ 중간   ☐ 아니오
3. ☐ 예   ☐ 중간   ☐ 아니오

오늘 배운 것은 무엇인가요? 어떤 상황을 통해 더 성장할 수 있었나요?

_____

_____

_____

**"원칙이란, 당신이 지금 즉시 원하는 것과 가장 중요한 것
사이에서 내려야 하는 결정이다."**

-닐 도날드 월쉬

오늘의 성공 기록
#63일차

아침

☐ 나는 내가 이 목표를 달성하고 싶은 이유를 잘 알고 있다. (2일차 참고)

☐ 나는 내가 목표를 달성할 수 있다고 확신한다. (4일차 참고)

☐ 나는 목표에 도달하는 과정의 장애물들을 어떻게 다루어야 할지 알고 있다. (8일차 참고)

긍정적인 자기 확신의 말:

_____

_____

_____

나는 내 목표에 더 가까이 가기 위해 오늘 이런 일들을 할 것이다. (최대 세 가지)

1. _____

2. _____

3. _____

저녁

오늘 세운 계획을 잘 실행했나요?

1. ☐ 예　　　　　　　☐ 중간　　　　　　　☐ 아니오
2. ☐ 예　　　　　　　☐ 중간　　　　　　　☐ 아니오
3. ☐ 예　　　　　　　☐ 중간　　　　　　　☐ 아니오

오늘 배운 것은 무엇인가요? 어떤 상황을 통해 더 성장할 수 있었나요?

_____

_____

_____

**"모든 장애물과 어려움은 우리가 밟고 올라
더 높은 곳으로 가게 될 계단이다."**

-프리드리히 니체

오늘의 성공 기록
#64일차

아침

☐ 나는 내가 이 목표를 달성하고 싶은 이유를 잘 알고 있다. (2일차 참고)

☐ 나는 내가 목표를 달성할 수 있다고 확신한다. (4일차 참고)

☐ 나는 목표에 도달하는 과정의 장애물들을 어떻게 다루어야 할지 알고 있다. (8일차 참고)

긍정적인 자기 확신의 말:

_____

_____

_____

나는 내 목표에 더 가까이 가기 위해 오늘 이런 일들을 할 것이다. (최대 세 가지)

1. _____

2. _____

3. _____

저녁

오늘 세운 계획을 잘 실행했나요?

1. ☐ 예   ☐ 중간   ☐ 아니오
2. ☐ 예   ☐ 중간   ☐ 아니오
3. ☐ 예   ☐ 중간   ☐ 아니오

오늘 배운 것은 무엇인가요? 어떤 상황을 통해 더 성장할 수 있었나요?

_____

_____

_____

**"뒤돌아보지 마라.
뒤돌아선 방향으로 가고 싶어질 것이다."**
-헨리 데이비드 소로우

오늘의 성공 기록
#65일차

아침 ☼

☐ 나는 내가 이 목표를 달성하고 싶은 이유를 잘 알고 있다. (2일차 참고)

☐ 나는 내가 목표를 달성할 수 있다고 확신한다. (4일차 참고)

☐ 나는 목표에 도달하는 과정의 장애물들을 어떻게 다루어야 할지 알고 있다. (8일차 참고)

긍정적인 자기 확신의 말:

_____

_____

_____

나는 내 목표에 더 가까이 가기 위해 오늘 이런 일들을 할 것이다. (최대 세 가지)

1. _____

2. _____

3. _____

저녁

오늘 세운 계획을 잘 실행했나요?

1. ☐예   ☐중간   ☐아니오
2. ☐예   ☐중간   ☐아니오
3. ☐예   ☐중간   ☐아니오

오늘 배운 것은 무엇인가요? 어떤 상황을 통해 더 성장할 수 있었나요?

_____

_____

_____

> **"두려움이 없는 자가 용감한 것이 아니라,
> 두려움을 극복하는 자가 용감한 것이다."**
> -마하트마 간디

오늘의 성공 기록
#66일차

아침

☐ 나는 내가 이 목표를 달성하고 싶은 이유를 잘 알고 있다. (2일차 참고)

☐ 나는 내가 목표를 달성할 수 있다고 확신한다. (4일차 참고)

☐ 나는 목표에 도달하는 과정의 장애물들을 어떻게 다루어야 할지 알고 있다. (8일차 참고)

긍정적인 자기 확신의 말:

_____

_____

_____

나는 내 목표에 더 가까이 가기 위해 오늘 이런 일들을 할 것이다. (최대 세 가지)

1. _____

2. _____

3. _____

저녁

오늘 세운 계획을 잘 실행했나요?

1. ☐ 예	☐ 중간	☐ 아니오
2. ☐ 예	☐ 중간	☐ 아니오
3. ☐ 예	☐ 중간	☐ 아니오

오늘 배운 것은 무엇인가요? 어떤 상황을 통해 더 성장할 수 있었나요?

_____

_____

_____

**"우리는 자신이 가진 것에 대해서 생각하는 일은 드문 데 반해
무엇을 가지지 못했는가에 대해서는 늘 생각한다."**

-아르투르 쇼펜하우어

주간 점검

'원하는 나'로 변화하는 길, 나는 어느 지점에 서 있나요?	0=실패						6=최고
	0	1	2	3	4	5	6
1 나는 내 목표를 알고 있다.							
2 나는 내가 그 목표를 왜 이루고 싶어 하는지 정확히 알고 있다.							
3 꿈꾸는 목표를 이루는 데 있어서 잃는 것보다 얻는 것이 더 많다.							
4 나는 내가 목표에 도달할 수 있다고 확신한다.							
5 나는 나쁜 습관을 좋은 습관들로 대체했다.							
6 나는 나의 계획을 수행하는 데 유리한 구조를 마련하는 데 성공했다.							
7 나는 나의 사회적 관계가 주는 응원을 적극적으로 이용한다.							
8 WOOP의 도움으로 나를 방해하는 장애물들을 어떻게 다루어야 할지 연습한다.							
9 개인적으로 고정한 닻이 내가 꿈꾸는 목표를 늘 상기시킨다.							
10 나는 나의 발전을 성실히 기록하고 있으며, 가끔 스스로에게 적절한 보상을 제공한다.							
11 오늘의 성공 기록을 통해 과정을 성찰하고 새로운 동기를 얻는다.							
12 나는 내게 주어진 모든 것에 감사한다.							

13	나는 내가 롤모델로 삼은 사람의 경험으로부터 많은 것을 배운다.							
14	나는 나 자신과 다른 사람들에 대해 책임감을 가지고 있다.							
15	나는 매일매일 스트레스를 해소하는 트레이닝을 한다.							
16	나는 지금 이 순간의 나 자신과 나의 생각, 그리고 감정들에 충분한 주의를 기울이며 살고 있다.							
17	나는 충분한 수면과 영양적으로 균형 잡힌 식사, 그리고 규칙적인 운동으로 매일 잘 회복하고 있다.							
18	나는 내 안의 부정적인 신념 명제들을 긍정적인 것으로 변화시켰다.							
19	나의 긍정적인 신념 명제들은 정신적인 영역과 단단히 연결되어 있다.							
20	나는 후퇴할지라도 자비로운 마음으로 용서한다.							
21	나는 진정한 '나쁜 습관 브레이커'이고, 나의 계획을 성공적으로 관철할 것이다.							

나는 _____ 에 감사합니다.

왜냐하면 _____

_____

_____

이것이 끝이 아니에요.
습관 트레이닝은 계속됩니다.

주석

01   Lally, P., C. H. M van Jaaarsveld, H. W. W Potts, J. Wardle,〈습관은 어떻게 형성되는가: 현실 세계에서의 습관 형성 모델How Are Habits Formed: Modeling Habit Formation in the Real World〉,〈European Journal of Social Psychology〉40, no. 6 (2010) : 998 - 1009.

02   Wood, W., J. M Quinn, D. A Kashy,〈일상 속의 습관들: 생각, 감정 그리고 행동Habits in Everyday Life: Thought, Emotion, and Action〉,〈Journal of Personality and Social Psychology〉83, no.6 (2002): 1281.

03   새해 계획의 88%가 매우 단시간 안에 무너져버리고 만다. R. Wiseman, http://news.bbc.co.uk/2/hi/health/7162692.stm(2018).

04   무의식적인 결정 과정에 2%의 에너지가 소모되는 반면, 의식적인 결정 과정에는 20%의 에너지가 소모된다. G. Gigerenzer,〈직관적 결정: 무의식의 지성과 직관의 힘〉, 뮌헨: 베텔스만(2007).

05   우리가 내리는 결정의 95%는 무의식에 의한 것이다. G. Zaltman,〈How customers think〉, 보스턴: 하버드비즈니스스쿨프레스(2003).

06   우리의 뇌는 특정한 습관이 좋은 것인지 나쁜 것인지 구분하지 못한다. C. Duhigg,〈습관의 힘-반복되는 행동이 만드는 극적인 변화〉, 랜덤하우스북스(2012).

07   Lally, P., C. H. M van Jaaarsveld, H. W. W Potts, J. Wardle,〈습관은 어떻게 형성되는가: 현실 세계에서의 습관 형성 모델How Are Habits Formed: Modeling Habit Formation in the Real World〉,〈European Journal of Social Psychology〉40, no. 6 (2010) : 998 - 1009.

08 일기는 자기 자신을 관찰하여 행동 변화를 이끌어내는 데 있어서 가장 효과적인 수단이다. G. Wilz & E. Brähler, 〈치료와 연구에 있어서 일기의 역할〉, 괴팅엔: 호그레페(1997)

09 S.M.A.R.T.(Self Monitoring, Analysis and Reporting Technology System) 방식으로 목표 설정하기. G. T. Doran, 〈매니지먼트의 목적과 대상에 대해 쓰는 S.M.A.R.T.한 방법〉, 〈Management Review〉, 70(11) 35-36(1981).

10 우리 인간에게 의미를 안다는 것은 가장 강력한 동기가 된다. E. V. Frankl, 〈의미라는 질문 앞에 선 인간: 빅터 프랭클 선집〉, 뮌헨: 피퍼(1985).

11 Woop를 통해 성공적으로 방해물을 극복하고 목표 달성하기. G. Oettingen, 〈성공하는 심리학〉, 뮌헨: 드로에머(2017).

12 Woop는 식이조절, 체중감량, 금연, 활동성 촉진에 효과를 보였다. G. Oettingen 등. 다양한 학계의 증명들은 http://woopmylife.org/science-de/(2018.7.20)에서 볼 수 있다.

13 감사는 사람을 행복하게 하고, 행복한 상태는 성공할 확률을 높인다. M. E. Seligman, 〈긍정의 심리학의 발전: 개입의 경험적 검증〉, 〈American Psychologist〉 Jul-Aug; 60(5), 410-421(2005).

14 본보기로 삼은 대상으로부터 학습하는 것이 변화 과정에 있어서 학습 효과를 높인다. A. Bandura, 〈본보기로부터 배우기〉, 슈투트가르트: 클렛-코타(1994).

원하는 나를 만드는 오직 66일

초판 1쇄 인쇄 2020년 1월 13일 **초판 1쇄 발행** 2020년 1월 28일

지은이 자브리나 하아제
옮긴이 오지원
펴낸이 연준혁

편집 2본부 본부장 유민우
편집 2부서 부서장 류혜정
디자인 mmato

펴낸곳 (주)위즈덤하우스 미디어그룹 **출판등록** 2000년 5월 23일 제13-1071호
주소 (410-380) 경기도 고양시 일산동구 정발산로 43-20 센트럴프라자 6층
전화 031)936-4000 **팩스** 031)903-3893 **홈페이지** www.wisdomhouse.co.kr

값 13,800원
ISBN 979-11-90427-85-2 03190

이 도서의 국립중앙도서관 출판예정도서목록(CIP)은 서지정보유통지원시스템
홈페이지(http://seoji.nl.go.kr)와 국가자료종합목록 구축시스템(http://kolis-
net.nl.go.kr)에서 이용하실 수 있습니다.
(CIP제어번호 : CIP2020001137)